悦 · 读人生

On Hegel
黑格尔

[美] 艾莉森 · 利 · 布朗（Alison Leigh Brown）◎著

彭俊平◎译

U0359959

清華大学出版社
北 京

北京市版权局著作权合同登记号 图字01-2018-1985号

On Hegel
Alison Leigh Brown

Copyright © 2014 by Wadsworth, a part of Cengage Learning.

Original edition published by Cengage Learning. All Rights Reserved. 本书原版由圣智学习出版公司出版。版权所有，盗印必究。

Tsinghua University Press is authorized by Cengage Learning to publish and distribute exclusively this simplified Chinese edition. This edition is authorized for sale in the People's Republic of China only (excluding Hong Kong, Macao SAR and Taiwan). Unauthorized export of this edition is a violation of the Copyright Act. No part of this publication may be reproduced or distributed by any means, or stored in a database or retrieval system, without the prior written permission of the publisher.
本书中文简体字翻译版由圣智学习出版公司授权清华大学出版社独家出版发行。此版本仅限在中华人民共和国境内（不包括中国香港、澳门特别行政区及中国台湾）销售。未经授权的本书出口将被视为违反版权法的行为。未经出版者预先书面许可，不得以任何方式复制或发行本书的任何部分。

Cengage Learning Asia Pte. Ltd.
151 Lorong Chuan, #02-08 New Tech Park, Singapore 556741

本书中文译文为中华书局许可使用。
本书封面贴有 Cengage Learning 防伪标签，无标签者不得销售。
版权所有，侵权必究。举报：010-62782989，beiqinquan@tup.tsinghua.edu.cn。

图书在版编目（CIP）数据

黑格尔/（美）艾莉森·利·布朗（Alison Leigh Brown）著；彭俊平译. —北京：清华大学出版社，2019
（2022.11重印）
（悦·读人生）
书名原文：On Hegel
ISBN 978-7-302-52550-9

Ⅰ.①黑… Ⅱ.①艾…②彭… Ⅲ.①黑格尔（Hegel, Georg Wehelm 1770-1831）—哲学思想—思想评论 Ⅳ.① B516.35

中国版本图书馆 CIP 数据核字（2019）第 047104 号

责任编辑：刘志彬
封面设计：李召霞
责任校对：王荣静
责任印制：杨 艳

出版发行：清华大学出版社　　　　　　　　　地　　址：北京清华大学学研大厦 A 座
　　　　　http://www.tup.com.cn　　　　　　邮　　编：100084
　　　　　社 总 机：010-83470000　　　　　邮　　购：010-62786544
　　　　　投稿与读者服务：010-62776969，c-service@tup.tsinghua.edu.cn
　　　　　质量反馈：010-62772015，zhiliang@tup.tsinghua.edu.cn
印 装 者：三河市铭诚印务有限公司
经　　销：全国新华书店
开　　本：148mm×210mm　　　印　　张：5.25　　　字　　数：96千字
版　　次：2019 年 5 月第 1 版　　　印　　次：2022 年 11 月第 4 次印刷
定　　价：35.00 元

产品编号：077074-01

黑格尔

格奥尔格·威廉·弗里德里希·黑格尔（Georg Wilhelm Friedrich Hegel，1770—1831），德国古典哲学家。早年入杜宾根大学学习，接着与同学荷尔德林、谢林致力于批判康德及其后继者费希特的唯心主义哲学。后到耶拿大学、海德堡大学等校任教，曾任柏林大学校长。著有《精神现象学》《逻辑学》《哲学全书》等。

黑格尔创立了欧洲哲学史上最庞大的客观唯心主义体系，来理解我们身处的世界本身和历史。他认为思维和存在统一于绝对精神，绝对精神是万事万物的本原与基础，它的辩证发展经历了逻辑、自然、精神三个阶段，他的哲学相应地由逻辑学、自然哲学和精神哲学三个部分组成。他为哲学增加了历史向度，并极大地发展了辩证法。

黑格尔是德国古典唯心主义的集大成者，对后世哲学流派如存在主义和马克思主义，产生了深远的影响。

内容简介

　　本书首先对黑格尔的生平、著作及思想进行了概述，帮助读者形成完整架构，然后选择性地着重对黑格尔的"哲学思维""文化分析"等思想进行要言不烦的阐述，帮助读者既能了解黑格尔庞大的客观唯心主义体系，又能把握其富有启发性和包蕴性的思想。

总序

　　贺麟先生在抗战时期写道："西洋哲学之传播到中国来，实在太晚！中国哲学界缺乏先知先觉人士及早认识西洋哲学的真面目，批评地介绍到中国来，这使得中国的学术文化实在吃亏不小。"[①]贺麟先生主持的"西洋哲学名著翻译委员会"大力引进西方哲学，解放后商务印书馆出版的《汉译世界学术名著》的"哲学"和"政治学"系列以翻译引进西方哲学名著为主。20世纪80年代以来，三联书店、上海译文出版社、华夏出版社等大力翻译出版现代西方哲学著作，这些译著改变了中国学者对西方哲

---

① 贺麟. 当代中国哲学. 上海：上海书店，1945：26.

学知之甚少的局面。但也造成新的问题：西方哲学的译著即使被译为汉语，初学者也难以理解，或难以接受。王国维先生当年发现西方哲学中"可爱者不可信，可信者不可爱"，不少读者至今仍有这样体会。比如，有读者在网上说："对于研究者来说，原著和已经成为经典的研究性著作应是最该着力的地方。但哲学也需要普及，这样的哲学普及著作对于像我这样的哲学爱好者和初学者都很有意义，起码可以避免误解，尤其是那种自以为是的误解。只是这样的书还太少，尤其是国内著作。"这些话表达出读者的迫切需求。

为了克服西方哲学的研究和普及之间的隔阂，清华大学出版社引进翻译了国际著名教育出版巨头圣智学习集团的"华兹华斯哲学家丛书"（Wadsworth Philosophers）。"华兹华斯"是高等教育教科书的系列丛书，门类齐全，"哲学家丛书"是"人文社会科学类"中"哲学系列"的一种，现已出版88本。这套丛书集学术性与普及性于一体，每本书作者都是研究其所论述的哲学家的著名学者，发表过专业性很强的学术著作和论文，他们在为本丛书撰稿时以普及和入门为目的，用概要方式介绍哲学家主要思想，要言不烦，而又不泛泛而谈。因此这套书特点和要点突出，文字简明通俗，同时不失学术性，或评论哲学家的是非得失，或介绍哲学界的争议，每本书后还附有该哲学家著作和重要第二手研究著作的书目，供有兴趣读者作继续阅读之用。由于这些优点，这套丛书在国外是不可多得的哲学畅销书，不但是哲学教科书，而且是很多哲学业余爱好者的必读书。

"华兹华斯哲学家丛书"所介绍的，包括耶稣、佛陀等宗教创始人，沃斯通克拉夫特、艾茵·兰德等文学家，还包括老子、庄子等中国思想家。清华大学出版社从中精选出中国人亟须了解的主要西方哲学家，以及陀思妥耶夫斯基、梭罗和加缪等富有哲思的文学家和思想家，以飨读者。清华大学出版社非常重视哲学领域，引进出版的《大问题：简明哲学导论》等重磅图书奠定了在哲学领域的市场地位。这次引进翻译这套西文丛书，更会强化这一地位。现在越来越多的人认识到，在思想文化频繁交流的全球化时代，没有基本的西学知识，也不能真正懂得中华文化传统的精华，读一些西方哲学的书是青年学子的必修课，而且成为各种职业人继续教育的新时尚。清华大学出版社的出版物对弘扬祖国优秀文化传统和引领时代风尚起到积极推动作用，值得赞扬和支持。

张世英先生担任这套译丛的主编，他老当益壮，精神矍铄，认真负责地选译者，审译稿。张先生是我崇敬的前辈，多年聆听他的教导，这次与他的合作，更使我受益良多。这套丛书的各位译者都是学有专攻的知名学者或后起之秀，他们以深厚的学养和翻译经验为基础，翻译信实可靠，保持了原书详略得当、可读性强的特点。

本丛书共 44 册，之前在中华书局出版过，得到读者好评。

我看到这样一些网评："简明、流畅、通俗、易懂，即使你没有系统学过哲学，也能读懂"；"本书的脉络非常清晰，是一本通俗的入门书"；"集文化普及和学术研究为一体"；"要在一百来页中介绍清楚他的整个哲学体系，也只能是一种概述。但对于普通读者来说，这种概述很有意义，简单清晰的描述往往能解决很多阅读原著过程中出现的误解和迷惑"；等等。

这些评论让我感到欣慰，因为我深知哲学的普及读物比专业论著更难写。我在中学学几何时曾总结出这样的学习经验：不要满足于找到一道题的证明，而要找出步骤最少的证明，这才是最难、最有趣的智力训练。想不到学习哲学多年后也有了类似的学习经验：由简入繁易、化繁为简难。单从这一点看，柏拉图学园门楣上的题词"不懂几何者莫入此门"所言不虚。我先后撰写过十几本书，最厚的有八九十万字，但影响最大的只是两本 30 余万字的教科书。我主编过七八本书，最厚的有 100 多万字，但影响最大的是这套丛书中多种 10 万字左右的小册子。现在学术界以研究专著为学问，以随笔感想为时尚。我的理想是写学术性、有个性的教科书，用简明的思想、流畅的文字化解西方哲学著作烦琐晦涩的思想，同时保持其细致缜密的辨析和论证。为此，我最近提出了"中国大众的西方哲学"的主张。我自知"中国大众的西方哲学，现在还不是现实，而是一个实践的目标。本人实践的第一步是要用中文把现代西方哲学的一些片段和观点讲得清楚明白"①。欣闻清华大学出版社要修订再版这套译丛，每本书都是讲得清楚明白的思想家的深奥哲理。我相信这套丛书将更广泛地传播中国大众的西方哲学，使西方哲学融合在中国当代思想之中。

赵敦华

2019 年 4 月

---

① 详见赵敦华. 中国大众的现代西方哲学. 新华文摘，2013（17）：40.

目录　Contents

1

On Hegel ———————— 黑格尔的体系

黑格尔（Hegel）的体系自称既没有开始，也没有终结。它代表一种一旦完成就又开始循环地走向自我同一的螺旋上升的历史观。这一体系如果径直从它的第一步——逻辑学开始，将会是错误的。这有两方面的原因：首先，《精神现象学》（*Phenomenology of Spirit*）作为体系的前奏，才是"真正的"整个体系的开始；其次，如果从逻辑学开始的话，人们将不得不解释复杂多样的先在内容和词汇。我从《精神现象学》中选取一段作为研究的开端，因为这段话抓住了黑格尔思想的历史性、动态特征及其困难。

黑格尔在描述世界自身具有道德特性这一信仰的产生时，他是如此表述的：

从这个规定开始，一个道德世界观就形成了，这个道德世界观是由绝对的道德与绝对的自然的关系构成的。这种关系以两种假定为基础，一方面假定自然与道德（道德的目的和活动）彼此是全不相干和各自独立的；另一方面又假定有这样的意识，它知道只有义务具有本质性而自然则全无独立性和本质性。道德世界观包含着两个环节的发展，而这两个环节则处于上述两种完全矛盾的假定关系之中。（《精神现象学》，600，第365—366页）[①]

这一段隐含了许多有趣的命题。今天，在讨论人类对世界，而不是对其中的理性存在者所承担的共同义务时，人们还经常为这些问题而争执不休。许多这样的争论回复到非理性，甚至导致暴力冲突，因为我们往往记不起黑格尔曾经力图表达的一个思想——每一个当代的观念都包含先前的、矛盾的历史视角。在黑格尔看来，这并不是由于人们无法构成共同意识，而是因为包括自然、意识、精神、物质和命题在内的世界本身就处于变动之中。在黑格尔看来，真理就是一切："真理就是全部，但是全部也不过是在其发展过程中使自己趋于完善的本质。"（《精神现象学》，20，第11页）这并不是说，真理是最重要的事情，而是说，我们开始任何探询时对真理的首要的定义是：真理是存在的整体。总之，真理事实上就是一切。

按照这种定义推论，在黑格尔看来，以静态的方式保持自身的意义或价值的命题是不存在的。因此，就分配给红木树以道德权利的可能性的争论而言，黑格尔会提议说，重要的不是发现树木可能拥有权利的真相；他会告诫我们：要理解关涉相关论题的所有我们认为重要的、冲突的法律和道德原则。对各种观点的精华部分进行综合，这才是正确的。他曾经举了一个关于人权的例子。在黑格尔看来，一个人的权利依赖于他借以确证自己的各种关系的总和。如果一个人生活在这样一个社会，在其中权利的观念完全被一个独裁的统治者排除在外，那么，这个人事实上是没有任何权利的。当社会转向自由时，人们就会比以前拥有更多的权利。然而，立场并不是沿着两个方向同时进行的。既然我们生活在这样一个时代，在其中权利（不严格地说，法律）包括了转让私人财产的权利，那么，人们就拥有这样的权利。按照黑格尔的观点，一个国家如果不承认这些权利，那就是错误的。因此，不存在简单的相对主义。相反，存在着一种历史进步观，它通过对我们所了解的东西和历史上已经发生过的事件的分析而获得支持。

解读黑格尔的困难是显而易见的。在读上面这段话时，有人可能会认为黑格尔可以被归结为一个非常庸俗的经验主义者或实用主义者。这种看法当然是不正确的。在黑格尔看来，全部真理最终会融为一体。公众，包括哲学家，必须意识到：真理是一个走向自身、同时又与自身相矛盾，直到最后在自身中完成的过程，因此，在发现真理的过程中，我们要尽可能地看到较为完整的体系。换句话说，在这种关系中，哲学家和公民们的任务就是：去发现和理解事物某一状况的所有矛盾，并综合出最佳的、最真实的情形。这种最佳的情形就是真理，它仍然包含矛盾——直至终极真理。

这是一个极具历史性的观点。这里假定了一个终点，事态的发展一直要达到这个终点。

○   我们应该确信，真理具有在时间到来或成熟以后自己涌现出来的本性，而且它只在时间到来之后才会出现，所以它的出现决不会为时过早，也决不会遇到尚未成熟的公众；同时我们还必须确信，作者个人是需要见到这种情况的，为的是他能够确证原属他独自一人的东西，并且能够体会到当初只属于特殊性的东西，终于成了普遍性的东西。(《精神现象学》，71，第44页)[2]

这种关于真理及其矛盾的思维方式，现在我们称之为辩证思维。在黑格尔看来，以这种方式思考问题才是科学的，的确，这种思维过程是一门科学。而其哲学的表达就是体系。

为什么要研究黑格尔？

对黑格尔的著作已有许多非常好的介绍之作。我在这里对黑格尔所作的引介中，想要做的是提供出我确信继续研究黑格尔的几个关键性理由。任何事物都有一个由时髦到过时的发展过程，哲学家也不例外，即使其著作曾经影响很大，现在的市场也不一定很大。黑格尔在哲学史上的地位，简要地说，就是他推翻了哲学家们称之为"矛盾律"的规律。这一规律的内容是："A"和"非A"两者同时为真，是不能被接受的。常识告诉我们，矛盾律是对现实情况的非常正确的描述。一个球不可能同时"完全是红色的"又"完全是绿色的"。黑格尔对这一规律的悬置，使得一些哲学家和哲学研究者转向下一位伟大的思想家。虽然黑格尔的出发点明显地不合逻辑，但是，我们仍然应该关注他。这有三方面的理由：第一，黑格尔用目的性来定位世界，这种目的不仅使得世界有意义，而且是考虑这个世界所必需的。黑格尔提供给我们的，就是要把世界理解为一个不断走向自由的一系列演进的阶段。自由变得越来越广泛，这主要表现在两个方面，一是权利方面，或者说是法律方面；二是个体的意识方面。黑格尔对于生命的意义的贡献，我们将在第二章中讨论。

我们对黑格尔保持兴趣的第二个理由，是因为他对康德的解读仍然是规避玄思和二元论的一个重大的认识论转向。沿着相似然而独立的路线，虽然有对康德更平易得多的解读，但黑格尔的解读所产生的影响远远超出了学术界。因此，不管黑格尔的解读有多少缺点，它改变了我们对现实物质世界的看法。许多学术领域被马克思主义和后结构主义范畴所主宰——有时，这种主宰是没有被意识到的。这两种思潮的思维方式都是对黑格尔思维方式的直接反动。对这个问题的讨论构成第三章的内容。

最后，黑格尔有着很强的自我意识，他清楚地论述了在广义文化中哲学家所扮演角色的问题。在黑格尔看来，一个哲学家实际上是没有任何预言能力的。当哲学家面向未来进行玄思时，他们就远离了真理。黑格尔认为，哲学家最好能够描述某一特定时期的实情，并以一种富有教益的方式把它与相关的历史论争联系起来。对黑格尔来说，哲学家在表达真理时所做的工作比任何训导都要重要得多。这种看似对哲学家作用的谦逊定位，事实上是近乎荒谬和狂妄自大的。作为一个哲学家，在经过系统的训练和意识到康德认识论的错误之后，黑格尔实际上是把自己自诩为绝对真理的代言人。关于这方面的讨论构成了本书第四章的内容。

和任何一个伟大的思想家一样，黑格尔的思想可能是危险而又存在缺陷的。在意识到自己所做的工作为所有可能的知识作了系统的分类之后，黑格尔试图从总体上概括他的发现。因此，对黑格尔最一般的批评就是他的体系倾向于极权主义思维。在第五章中，我们来看看这些批评。有时我们赞成对黑格尔的批评，有时我们显示黑格尔论证的力量。

值得注意的是，黑格尔是非常难读懂的。他的写作风格受到了广泛的嘲笑。我还从没有看到哪一个哲学家是写作大师。除了那令人头疼的表达方式外，黑格尔著作的系统性是非常强的，他也确实被视为完成了一个庞大的体系。因此，人们可能不时地歪曲他的思想。如果不指出一长串的限定，如果不引导读者在这个体系的其他地方通过某一立场所处的上下文来修正它，在黑格尔的文本中可能没有几处地方有人能充满信心地断言，这就是黑格尔的思想。为了对这位思想家负责，我选择了放弃修正的立场，这位思想家不仅是我所认真阅读过的，而且他在随后几个世纪的思想和政治现实中起着重要作用。

黑格尔的生平与著作

黑格尔的生平

1770 年 8 月 27 日，黑格尔出生于斯图加特（Stuttgart），1831 年底在柏林去世。正如米歇尔·茵伍德（Michael Inwood）所指出的那样，在黑格尔的任何一部公开发表的作品中，几乎都没有给读者一点关于他个人生活细节的线索，甚至那些他正在撰写的著作似乎也是由一个支离破碎的主体完成的（茵伍德，第19页）。一些传记作家在谈论黑格尔时，说他是一名出色的学生，而更多的评论则只是很简单地提到他平凡的学生时代，甚至整个大学阶段也是如此。其学生时代的真实情况到底怎样，现在已经不得而知了。普通的学生有时却做出了出人意料的重要的理智贡献，这是很有趣的——这种思想上的奇迹还是留给传记作家们去写吧。

1793 年，黑格尔离开图宾根大学时所带的老师们的评语是：在神学和语言学上学有余力，但"哲学知识欠缺"[劳温伯格（Lowenberg），第10页]。他有两个最著名的朋友，一个是哲学家谢林（Schelling），因为黑格尔在其《精神现象学》中批评了他的观点，所以后来绝交了；另一个是诗人荷尔德林（Holderlin）。他的第一个大学职位是在耶拿取得的，在那儿，他与谢林共事；第二个职位是在海德堡（Heidelberg）。除了在大学工作之外，他还在班贝格（Bamberg）编辑过一份报纸，在纽伦堡（Nuremburg）给富人家的年轻人当家庭教师，在一个体育场做过指导。当他没有到大学去谋职时，往往是由于经济上的原因。从1818 年到1831 年，在柏林，他是"思想史上公认的最有影响的哲学派别之一的权威"（劳温伯格，第11 页）。

黑格尔挚爱着他的妹妹克里斯蒂安娜（Christiane），而且，在他对《安提戈涅》（Antigone）③的讨论中，尽管不是很清楚，但还是透露出他的私生活。在解释这个悲剧时，很明显地流露出对妹妹的关心。1811 年，他和玛丽·冯·图赫尔（Marie von Tucher）结婚，据人们说，他们的婚姻是幸福的。他们有两个儿子，均已成就了事业。黑格尔和他在耶拿的女房东生有一个儿子，名叫路德维希·费舍（Ludwig Fischer）。在路德维希·费舍的母亲去世后，玛丽·冯·图赫尔和黑格尔收养了他。有一部小说，写的就是黑格尔的这个儿子［克莱尔（Krell）］。

黑格尔虽然不是一位具有鼓动性的演讲者，但他的学生们因为他是一位忧国忧民的教授而怀念他。很少有关于黑格尔的社会交往的故事。我最心仪的是，他对学生参加革命活动的鼓励。学生们被捕以后，他乘船在靠近监狱的小河中顺流而下，向他们挥手，以表示对他们的支持；当然，他的支持仅停留于此，而不是那种更为实际的行动，譬如促成他们的获释或者公开为他们辩护。

黑格尔的著作

一份非常完好的由黑格尔本人所列的作品书目，从贝塞尔（Beiser，第 497—510 页）中发现。黑格尔在他从起初就规定了的严格体系范围内工作。这个体系的一个例示（在下面还会出现的）给了我们很好的提示，即他认为他最重要的著作是《哲学全书》《逻辑学》《法哲学》《历史哲学讲演录》《美学讲演录》《宗教哲学讲演录》以及《哲学史讲演录》。

可以肯定地说，他最早的主要著作《精神现象学》也是他最有影响的作品。一些评论者视之为后来成熟作品的前奏〔请见凯茵茨（Kainz），第 32 页〕，其他人则将其视作关键性的著作。实际上，有一个庞大的研究黑格尔的学者群，他们全都只聚焦于《精神现象学》的序言。他们倾注精力的第二个地方是《精神现象学》的"自我意识"部分中的关于主人与奴隶的辩证法。由于马克思对《法哲学》倾注的大量注意力，这部著作的影响几乎超出它的姊妹篇。

关于黑格尔的著作，有趣的是，黑格尔可能是最后一位体系建构者了。我们将在后面的篇章里（第三章）考察康德的体系。他的体系是建立在黑格尔所认为的一个纯粹先验的立场上的，指出这一点就足够了。按照黑格尔的说法，康德从未到达任何事物的真理，因为他把对象的本体与现象分裂开来，因而在认识者与认识的对象之间，在纯粹之物（本体）和呈现之物（现象）之间构建了一座不可逾越的桥梁。黑格尔的著作全都勾连在他与康德的对话之上。他把康德看作是远远超出其前辈的思想家，因为他起码尝试着要摆脱形而上学。但是，黑格尔认为康德最终还是失败了，因为他被外在于世界本身的范畴弄得焦躁不安。

对黑格尔来说，斯宾诺莎（Spinoza）的体系也是重要的。借助于康德的体系，黑格尔从斯宾诺莎的体系中汲取了大量的思想。但是，他认为斯宾诺莎的计划最终也失败了，因为斯宾诺莎坚持把数学的，尤其是几何的规则作为永恒的结构。在黑格尔看来，斯宾诺莎的体系没有适应科学或历史变化的能力。

黑格尔有一套类似于交互作用的资料库那样运作的方法和体系。命题的真假反映了"一"和"零"在计算机上的功能，就此，它们要表达的意思可以以计算为例来说明，但它们是可展开的和易变的。因此，分析的范畴不能被认为是神圣的和不可企及的。必须把新奇的事物考虑在内，而认识它们的唯一方式是使体系符合一个可扩展的模式。

由于这些作品产生了一个不能容忍新事物的体系而遭到批评。让我们把这个批评保留到后面再谈，那个时候我们将会站在一个更高的位置上来理解它。

黑格尔生活的时代背景

黑格尔认为哲学的任务是"去理解，而不仅仅是狂想"［考夫曼（Kaufmann），第 9 页］。当黑格尔游刃于康德的理性和令人陶醉的浪漫主义之间时，他接近了世界历史的图景，他用他的哲学思维的方法去铸造一种理性与感性之间的综合［其最好的表述是理解（Comprehension）］。

我们总认为，在当今这个信息超载的年代，事物在高速运动；工业被开创出来帮助我们应付我们时代的快节奏。对我们来说，很容易忽视其他世纪同样一直处于剧变中。想一想下面这个无可置疑的独特时间表，它挑出了从康德出生直到列宁抵达芬兰站这段历史中的关键时刻。

- 1724 年，康德诞生。

- 1770 年，黑格尔诞生。

- 1781 年，康德完成《纯粹理性批判》。

- 1788 年，叔本华诞生。

- 1792—1795 年，法国大革命发生，国民大会取消君主制，判处国王死刑，支持"恐怖统治"。

- 1798 年，华兹华斯（Wordsworth）《抒情歌谣集》问世。

- 1801 年，理查德·特雷维迪克（Richard Trevitick）发明和制造了第一辆运行良好的蒸汽机车。

- 1802 年，拿破仑成为终身执政官。

- 1804 年，康德去世；拿破仑正式加冕登基。

- 1805 年，拿破仑成为意大利的国王；伊萨克·德·里瓦兹（Issac De Rivaz）建造了第一辆以内燃机作动力的汽车；首次出现由汽车引起的一氧化碳空气污染。

- 1806 年，J.S. 密尔（J.S.Mill）诞生。

- 1807 年，贝多芬（Beethoven）《第五交响曲》问世。

- 1809 年，托马斯·潘恩（Thomas Paine）去世。

- 1812 年，法国入侵俄国。

- 1813 年，克尔恺廓尔（Kierkegaard）诞生。

- 1814—1830 年，法国恢复君主制，路易十八颁布宪章。

- 1816 年，在法国，离婚被取消。

- 1818 年，卡尔·马克思诞生。

- 1820 年，乔治四世继承王位，取代被殖民地人民反抗的乔治三世。

- 1821 年，德·昆西（De Quincey）匿名出版《一个英国鸦片吸食者的忏悔》；陀思妥耶夫斯基诞生。

- 1823 年，贝多芬《第九交响曲》问世。

- 1827 年，威廉·布拉克（William Blake）去世；贝多芬去世。

- 1830 年，法国，六月革命。

- 1831 年，黑格尔去世。

- 1837 年，维多利亚（Victoria）就任王位。

- 1840 年，左拉（Zola）诞生。

- 1844 年，尼采（Nietzsche）诞生。

- 1848 年，在法国出现第一份女权主义日报《女人之音》（*La Voix Des Femmes*）。

- 1855 年，克尔恺廓尔去世。

- 1860 年，叔本华去世。

- 1864 年，伦敦，第一国际诞生。

- 1871 年，卡尔·本兹（Karl Benz）设计了第一辆汽油驱动的汽车。

- 1873 年，J.S. 密尔去世。

- 1881 年，陀思妥耶夫斯基去世。

- 1881 年，沙皇亚历山大二世被暗杀，亚历山大三世开始了他的统治；尼采的大部分著作在俄国遭禁。

- 1883 年，马克思去世。

- 1884 年，法国确立起对印度的有效控制。

- 1889 年，尼采患精神病。

- 1894—1906 年，发生德雷福斯事件（Dreyfus Affair）。

- 1896 年，福特（Ford）和奥兹（Olds）建立和试验了他们的第一个汽车模型。

- 1900 年，尼采去世。

- 1902 年，左拉去世。

- 1917 年，列宁抵达芬兰站。

这个列表说明黑格尔见证了一个多么喧嚣动荡的时代。革命大潮汹涌，其中许多都给世界图景及其人民留下了持续而深刻的影响。他发现自己生活于一个疆界变幻的政治世界中，处于存在着最极端形式矛盾的政治和艺术的环境里。在他生活的早期，他与激进的政治思想"情投意合"，到他自己的体系发展完善之时，他已经避免使其观点更趋极端。青年黑格尔派为成为一个优秀的黑格尔主义者而努力奋斗，他们发现了许多黑格尔自己主张的合题。斯蒂佩里维西（Stepelevich）指出，严重政治化了的青年黑格尔派运动结束的标志是1846年卡尔·施密特（Karl Schmidt）出版的《理解与嫉妒》（斯蒂佩里维西，第 15 页）。他的分析基本上认为，黑格尔"危险的"观点如此剧烈地影响了形而上学、神学、政治学和文化分析，以至于引起了检察机关和监禁部门的恐慌，引发了对那些受影响的人，甚至包括原本最效忠于国家的人的裁减。斯蒂佩里维西引述了尼古拉·罗克维兹（Nicholas Lobkowicz）对此境况的陈述：

> 黑格尔意识到了存在着的世界。他对世界进行了理性化的描述，他的弟子从施特劳斯（Strauss）到马克思，都感到必须要把对世界的理想描述转译为"等待实现的理念"这样一种语言。在此发展过程中，他们也试图把黑格尔抽象的理性化思想具体化，通过把对宗教的谈论转译为对人类的谈论，把对欲望满足的谈论转译为对资产阶级社会的谈论，等等。斯蒂纳（Stirner）被描述为在这种发展的过程中走出最后一步的人，无论如何，马克思是这样理解的。这最后的一步导致他超越了黑格尔的理性主义，并且否定了它。因为斯蒂纳实现了黑格尔主义的最终具体化，通过缩减黑格尔所有的范畴，使之成为一个裸露的个体本身；他不仅公然指责某种特定的概念，而且指责所有的概念。（斯蒂佩里维西，第 14 页）

黑格尔最著名的学生和反对者是卡尔·马克思。马克思反对黑格尔，但并不妨碍他继承黑格尔的辩证观点，并且把它们变成一种使具体变革得以马上发生的哲学。

黑格尔哲学的体系

在《哲学全书》（第三版）中，黑格尔描述了其哲学体系。《逻辑学》是打算解释，或毋宁说是要充实逻辑学、自然哲学和精神哲学的主体性部分的文本。《法哲学》是讲述客观精神，但不包括世界历史的文本，《历史哲学讲演录》中描绘了世界历史的扩展。绝对精神被分为艺术，即《美学讲演录》；启示哲学，即《宗教哲学讲演录》；以及哲学，即《哲学史讲演录》。在阅读由黑格尔撰写的或关于黑格尔的著作的时候，牢记其重印的纲要是非常有帮助的。他的全部作品是以下面所描述的方式相互关联着的。在写作《精神现象学》的时候，他就洞见了这种结构。在勾勒了体系及其必然性后，他剩下的终生工作就是用来填充这个体系了。

这种做法粗看起来是荒谬的。如果采取绝对而严肃的态度，例如就像柯耶夫（Kojeve）所作的那样，那么结论就是，在黑格尔那里，历史已经完成了。"因为如果思想是历史的，那么，只有在历史的终结处，这一事实才能被认识到；如果历史在某一点停住，那么这一点只能是知识了。"（阿兰·布洛姆论柯耶夫，第 10 页）另一种说法是，"如果有形的历史现实是人类所能认识的全部，如果没有超验的可理解的世界，那么，因为要成为哲学或科学，现实必须是合乎理性的。黑格尔的解决是……这实际上已经发生了的，法国革命中对人权之普遍、理性的原则的阐明标志着历史终结的开始。"（柯耶夫，第 11 页）

对一个自称从终点开始的体系的结果，存在着一些不那么极端的解释。柯耶夫的解释是饶有趣味的。因为他从外表上把黑格尔判定为如此一种可能：他建构了体系，立即就看到了知识之总体，并意识到了所见图景之后果。实际上，柯耶夫传播了这样一种说法，即当黑格尔看见知识的总体的时候，他也陷入了深深的悲哀之中，因为他知道再也不能有任何宏大的思想，他剩下的生命将只能贡献于"填充空白"。然而，我们可能会感谢柯耶夫，因为他问了这样一个问题："一个人如果能够综合前人对历史的立场和解释，并让它们以一种如此强有力的方式影响当前的事件，这到底意味着什么？"这个问题当然值得我们努力地去追问，而且必须是严肃认真的。如果黑格尔是正确的，即一个人可以是全知的，那么人们能够是善的和自由的——这是一个无论在哲学上还是在常识的讨论中都不十分流行的观点。如果有限的人能意识到自己认识了无限的关系，那么，有限存在立即既是有限的又是无限的。这里蕴含着一种必然的自由。一种更为现代的观点把自由与无限的可能性相联系，这是诺姆·乔姆斯基（Noam Chomsky）的观点，他认为人类有能力建构无限多样的语句。由于受制于物质条件，这种能力等同于整整一代人的自由。在黑格尔那里，这种自由提供了向善的能力。"人"具体说来是向善的和自由的，这一并不特别流行的见解可能依赖于这样的观点，它们在最自由的神性这一更大背景内，把"人"描绘成生性为恶的和自由的。

考虑到体系的影响，让我们看一看黑格尔所提议的。

体系

Ⅰ．逻辑学

  A．存在

  B．本质

  C．概念

Ⅱ．自然哲学

  A．力学

  B．物理

  C．有机学

Ⅲ．精神哲学

  A．主观精神

  B．客观精神

    1．法

    2．道德

3. 伦理

    a. 家庭

    b. 市民社会

    c. 国家

        i. 宪法

        ii. 国际公法

        iii. 普世历史

C. 绝对精神

  1. 艺术

  2. 天启宗教

  3. 哲学

要理解黑格尔，必须考察他上面勾勒的这个体系。我们在讨论黑格尔哲学的各种信条的时候，我将多次返回来重提这个纲要。举一个它如何生效的例子可证明这是非常有用的。著作和讲演录系列的标题会出现在黑格尔体系的某一处，在其中，它们既由体系本身所要求，又恰好能在此得到最好的理解。当我们研究《法哲学》的时候，有个建议是，要记住黑格尔把它看作是出现在客观精神这一阶段上的。文本的筹划是要解决精神与自然相统一的问题。真理的多样性使真理的统一得以产生。《法哲学》以黑格尔自己著作的上下文情境开始。他写道，"哲学纲要恐怕不能当下即被期待符合这样一种体例，因为哲学被指望要完成的是一种暂时性的工作，就像佩内罗佩（Penelope）的织品那样，需要在每个早晨重新开始。"（《法哲学》，第 1 页）④其实，此时他援引了一种依靠被称为"法则和技巧"的传统，这是他不会屈从的传统。相反，他刻画了客观精神的本相。而要做到这一点，他必须按照他的方法来思考：

> 毕竟，关于权利、伦理和国家的真理就像它在土地法、日常生活中的道德、宗教中的共识和公理一样古老，这种真理更多要求的是什么呢——既然思考着的心灵对于整装待发的占有它的形式不满？它要求在思想中被把握；原则上已经属于理性的内容必将赢得合理性的形式，所以它对自由自在的思维呈现出准备完毕的状态。如此的思维没有在给定的地方保持固定，这种给定或由外在的国家或由神圣共同体的绝对权威所支持，或由内在的感觉和感情以及直接认同的"精神之智慧"所支持。相反，思想是自由的，它从自身出发，因而要求认识自身，作为与真理相统一于内心的存在。《法哲学》,第3页）

这一段包含了迄今所讨论的全部论题。真理已经在那儿，稳步地向着它的绝对显现运动。所需要的是一种对真理的形式的思考，它是认知性的，而不依赖于国家权威、公共意见、对法的委曲求全或对作为终极立法者的上帝之善的简单信仰。

为了避免我们误解他写作《法哲学》的明确意图，黑格尔继续写道：

> 其实，这本包含国家之科学的著作，只是要努力地理解国家，并将之描绘为本来就合理的东西。作为一部哲学著作，它一定远远不是把国家组织为应然之物的尝试；它只能去说明国家，即伦理世界，是怎样被理解的。（《法哲学》，第 11 页）

黑格尔著作的解释性部分是要说明国家实际上是天然合理的。他不是要说明，在理想的世界里，正义看上去会是怎样的，所以，它的说明与柏拉图、康德或当代的约翰·罗尔斯所表达的不同。他所呈现的是国家之所是。严格说来，这才是正义的最佳表达。

黑格尔并不相信历史上的每一个国家都是正义的最佳表达。黑格尔尊崇古典的希腊社会，在先前的那些社会中，希腊社会获得了比其他任何社会更多的偏爱。（他诚恳地批评了普鲁士沙文主义，大多数先前的国家没有轻易地得到黑格尔的尊重。）黑格尔有着对雅典文化和基督新教（Protestant Christianity）的敬畏。有些解读者过分强调这种敬畏，而冲淡了黑格尔作品中汹涌的辩证法之潮。人们会发现，君主立宪制作为渐增的自由、雅典法和基督教对人格的尊重的一种综合，是正义的最好表现。

在他看来,更早的显现很明显是劣等的。查尔斯·泰勒(Charles Taylor)雄辩地表述了黑格尔的观点。他写道:

> 不太可能说,黑格尔曾认为时代的任务仅仅是发现失去了的希腊社会的统一;或者说,他曾经相信这种重新发现是可能的。从一开始,他的思想就被他自己时代那无可匹敌的成就、被启蒙、被基督教所主宰了。但这并不是说,他一开始就立即意识到了无可挽回的改变使我们同旧时代分离开来,意识到在旧时代与现代精神之间存在着多么深刻的对立。(泰勒:《黑格尔》,第 65 页)

如果读者阅读了早期的论文,他可能会很容易就认为黑格尔痴迷于古希腊文明的复兴。到写作《法哲学》的时候,他更彻底地专注于他的方法了。

黑格尔的体系可能会被说成是一套内容的位符。他的方法是怀疑自身,直至达到终点的辩证的方法。它有一个终点,及时地定位在局部真理成为现实的那一时、那一地。研究黑格尔要求记住,他的作品适合于一个完全之体系,而这种方法,例如在研究一位伟大的电影制作家时是不需要的。我们能施加一系列主题于电影制作家的文集,这种练习既是有益的,又是吸引人的。它使得对电影的研究成为更令人兴奋的尝试,因为除了不断地欣赏艺术作品之外，还能走进艺术家的世界。然而，另有探讨者可能发现，这种看待电影的方式限制了作品的整体性，甚至会构成对作品本身的玷污，所以不要涉及艺术家的隐私，不需使作品的主体进入体系。而对于黑格尔，我们除了把他的作品通过整个体系来研究之外，别无选择。黑格尔的学生经常被告知，他们有选择的权利，要么从一开始就拒绝他，要么从内部作出批评。我们可不能在某些篇章里发现一个有缺陷的论证，就对之进行随心所欲的评论。如果一个人以这样的态度——零敲碎打、断章取义——阅读黑格尔的国家理论，那他会犯错误。黑格尔的国家理论包含着本体论、认识论、道德论以及绝对知识。

在《精神现象学》的结尾处，黑格尔描绘了绝对概念的显现或者是达到与开始的表象相反的精神之知识，历史和意识的每一个阶段都在其中承载着它的发展。他写道：

○ 因此，这种启示就是绝对概念的秘奥扬弃，或者说，就是绝对概念的广延，亦即这个在自身之内存在着的"我"的否定性，而这否定性就是绝对概念的外在化或实体；而这种启示是它（绝对概念）在时间中的体现，即是说，这个外在化是它自身之内外在化自己的，从而，这个外在化存在于它在自己的（空间的）广延中，也存在于它的秘奥的自我中。目标、绝对知识或知道自己为精神的精神，必须通过对各个精神形态加以回忆的道路；即回忆起它们自身是怎样的和怎样完成它们的王国的组织的。对那些成系列的精神或精神形态，加以保存，就是历史；从它们被概念式地理解了的组织方面来看，就是精神现象的知识的科学。两者汇合在一起，被概念式地理解了的历史，就构成绝对精神的回忆和墓地，也构成它的王位的现实性、真理性和确定性，没有这个王位，绝对精神就会是没有生命的和孤寂的东西；唯有：

从精神王国的圣餐杯里，

他的无限性给他翻涌起泡沫。(席勒:《最后的友谊》;《精神现象学》, 808, 第 493 页)[5]

这段话包含了黑格尔体系的梗概。体系，作为科学，把走出自身去理解个人和文化发展的进程作为它的任务。

柯耶夫用可理解的术语为我们解读了黑格尔的规划：

历史的目标——即知识 (wissen)，自身的知识——就是哲学 (最终成为智慧)。人类创造了历史性的世界，只是为了认识世界是什么，因而也是为了理解处于世界中的他自己。(柯耶夫，第 162 页)

作为黑格尔的一个出色的弟子，他没有在其描述中分离出个体意识。相反，哲学本身成为智慧，而"人类"，作为一个集合性的指示者，就是理解者（the understanding thing）。经常伴随着黑格尔的是，总有人要问常识性的问题，诸如"只有一个一个的个体去'认识'某物，难道这不是事实吗？一种抽象，如哲学，怎么能理解自身为某物呢？"这些问题帮助我们理解黑格尔借助于体系在做什么。在黑格尔那里，哲学不是一种抽象，它是所有思维的存在的总和，这种思维的存在从事着实践活动：它们是活生生的物。柯耶夫在此又是有帮助的：

> 黑格尔不需要对他启示真理的上帝。为了发现真理，他无须与"城邦的人们"保持对话，或甚至是同他自己"讨论"，或作笛卡尔式的"沉思"。（此外，没有纯粹的口头讨论，没有孤独的沉思可以引致真理，战斗和工作是真理唯一的"标准"。）他可能会独自一人平静地坐在那些"大树"的浓荫里发现全部知识，这些大树也许没有教导过苏格拉底什么，但却可以教授给黑格尔许多关于它们自己、关于人类的东西。所有这些之所以是可能的，只是因为有城邦存在，在那里，人们在战斗和行动的背景中争论，而同时又为了他们的意见而战斗和行动。（柯耶夫，第 186 页）

柯耶夫是一位重要的黑格尔的评论者。他的学生包括心理学家雅克·拉康（Jacques Lacan）、图书馆员、小说家、哲学家乔治·巴泰勒（George Bataille），现象学家梅洛·庞蒂（Merleau Ponty）和其他一些人。然而，他的解释是有争议的。在使黑格尔的哲学体系成为一个只关乎人类的体系的时候，他是无情的，因为他把黑格尔体系中的"泛神论"解读为可还原成被传统宗教思想家们称之为"无神论"的东西。他认为，黑格尔的体系之所以是重要的，恰恰是因为黑格尔把一个具体的现实转化为一个理念的世界，正是在这一点上，他与更为正统的黑格尔学者是一致的。

查尔斯·泰勒（Charles Taylor）是一位格外有见识的黑格尔的解读者。他对于我们怎样集体地获得意识的解释尤为透彻明白。他以一种非常好的系统方法把对黑格尔的解说与一个特定的时代、历史阶段和哲学背景联系起来：

因此，在黑格尔去耶拿的前后以及整个耶拿阶段，他的哲学立场发生的这四次变换，与他成熟的观点相关联：接受作为最终统一之部分的分离；转向作为决定性的方法之哲学；从以人为中心转向以思维为中心的理论；转向这样一种观念：人的实现不能由自己提前计划，而只能后知后觉。前两个转向联系着黑格尔对分离与自治之间、自治与合理性之间有关联的感觉；自治与富有表现力的统一之间的对立让黑格尔得到一个观念：思想比人更伟大，它才是历史的主体，从而变革了他的历史观。人类的任务现在是要认识，清楚地认识，而不是借助于会否弃理性自治这一天职的含混的直观；因而人类实现的顶点，被证明是思维的实现，在于哲学的意识。

（泰勒:《黑格尔》，第 74 页）

我们的工作是被给定的。以明确指示的方式，我们必须放弃联系着自治和理性的某种自尊，从一个共享的理性和自治的立场继续前进。这么做，我们最终会拥有对理性和自治更大的共享。

对我们来说，此处恰好是一个可过渡到黑格尔的存在阶段的地方。很自然地，我们会假定，个体生命的意义在一个重客观性甚于主体性的体系之内会遭到削弱。因为当我们考察黑格尔对"生命的意义是什么？"这个永恒问题的回答时，可能会看到，（大写的）主体性（Subjectivity）并没有抹杀（小写的）主体性（subjectivity）。

译者注:

① 黑格尔:《精神现象学》（下卷），贺麟、王玖兴译，商务印书馆，1987 年版，第 126 页。

② 黑格尔:《精神现象学》(上卷),贺麟、王玖兴译,商务印书馆,1987年版,第49页。

③ 希腊神话中俄狄浦斯(Oedipus)之女,不顾其舅父克瑞翁(Creon)的禁令为死去的哥哥营葬,结果被关入岩洞,自缢身死。

④ 黑格尔:《法哲学原理》,范扬、张企泰译,商务印书馆,1961年版,第1页。

⑤ 黑格尔:《精神现象学》(下卷),贺麟、王玖兴译,商务印书馆,1979年版,第275页。

2

—————— 黑格尔与生命的意义

我们已经为分析今天仍然对黑格尔保持着研究兴趣的第一个原因奠定了基础。黑格尔对"人类的存在是有意义的"这一点提供了很好的论证，但是他并不满足于为单个个体或市民集合体"应该怎样行动"开几个处方。在他被经常引用的"理性乃是有目的的行动"这个短语中，可以发现他与这样的教训癖最相近之处。此短语带有一种不容置疑的假设，即人应该有目的地行动，因为人有能力拥有自由。在改变着的视角框架内（这个框架有一个永恒的终极目的），为了解释人的生命和行动，要求一种思维方法，这种思维方法不能在真实的（动态的）真理之外开始。就是说，它不能开始于时代变迁都无法改变的先在命题。从某种意义上说，黑格尔要求我们从事物内部开始：

在文化的开端，即当人们刚开始争取摆脱实质生活的直接性的时候，永远必须这样入手：获得关于普遍原理和观点的知识，争取第一步达到对事情的一般的思想，同时根据理由支持或反对它，按照它的规定性去理解它的具体和丰富的内容，并能够对它作出有条理的陈述和严肃的判断。但是，文化教养的这个开端工作，马上就得让位给现实生活的严肃性，因为这种严肃性使人直接经验到事情自身；而如果另一方面，概念的严肃性再同时深入事情的深处，那么这样的一种知识和判断，就会在日常谈话里保有它们应有的位置。

只有真理存在于其中的那种真正的形态才是真理的科学体系。我在本书里所怀抱的目的，正是要促使哲学接近于科学的形式——哲学如果达到了这个目标，就能不再叫作对知识的爱，而就是真实的知识。（《精神现象学》，4—5，第3页）[1]

黑格尔的任务就是要使哲学成为科学，不仅是科学，而且是真实的理解的科学。要在通向这样的理解的道路上追随他的足迹，我们必须更加详尽地考察其辩证思想。

哲学的思维

我们借助于人们就"自然权利"以及就我们合法地归属于自然权利的事物种类所可能持有的意见来开始这一章。诸如权利、正义等事物的哲学讨论，一般不会作为血腥事件的重要组成部分来被教授和研究，而这些事件在历史中把理念展现出来。约翰·洛克（John Locke）质朴地描写了所谓的野蛮人不能将劳动力与土地相结合这一事实。这一事实与后来的灭种屠杀之间有一种直接的关联。"专门研究"，例如女性研究、民族研究和种族研究的出现，对于阐明这一问题已经做了很多工作。黑格尔是一位使理论变得可以被解释的先行者，实际上他使得理论与其讲述的历史相同一。专门研究中最好的，就应该像黑格尔主义那样，其哲学立场容许一个人因其捍卫君权神授而尊重洛克，同时因其继续坚持"并不是所有的人生而平等"的信念而憎恶他。有说服力的是，它使得文本的读者致力于研读其整个文本。在一次对黑格尔的哲学讨论中，曾经有一个对话者贸然指出，"是的，但性别偏见除外"，就这一点而言，更优秀的学生会拒绝悬置性别歧视来考虑黑格尔。对时代的描述必须是完整的，如果忽视了这一点，就会变得更加有害——正如实际上忽略这一点而产生的后果那样。

　　似乎不大可能进入"政治学"和大学课程的东西，实际上正是把握黑格尔的关键。如果思维本身被允许（或毋宁说，给自己这种许可）挑拣和选择被思维的对象，自由的思想会更少发生，也因此更加缺少意义。黑格尔从未失去对理论和行动之间的同一性关系的关注，因此也关注一个人对于他或她从事理论研究的方法以及他或她看待世界的方法会有的强烈责任感。要是有个人宣称说"我的生命没有意义"，黑格尔相信这正是这个人的错误。这个人是虚伪的，即他是不诚实的；意义在那里，他却无法承认，这是逃避责任，以达到撒谎的目的。

　　哲学地思维，不仅是一种认识论行为，也是一种伦理行动。它要把哲学的、神学的和科学思维的不同分支间的相互关联考虑在内。查尔斯·泰勒就此问题写道：

　　　　正是在德国，实际的革命爆发了，简单如一件随着法国军队入侵的舶来品，千禧年信徒的企盼被以哲学方式精心地阐述了。在这个过程中，它们被转换了位置，与其说反映出激进启蒙的希望，不如说反映出作为来源的自然的表现主义的希望。这里出现的是历史的螺旋式景观……在其中，我们打破了原初的整体，进入生命的伟大进程，进入一个分解和对立的阶段，跟着是更高水平上对同一性的回归。

黑格尔合并了西方千禧年说的整个传统构想，但是是以一种转换的、哲学的形式。世界历史有三个时代，位于新时代开端的是冲突升级而酿成的危机（幸运的是，现在在我们身后的危机处于革命及作为其结果之战争的形式），结局是新的更高的回复。当然，在哲学的转换中失去的是善与恶之间最后的战斗，结果是前者的总体胜利。黑格尔哲学的战斗从来不是善与恶之间的，而是善的两种要求之间的战斗；造成的结果是综合，而不是胜利的总和。（泰勒：《自身的根源》，第388页）

　　一个人应该怎样为生命的意义负责？黑格尔并未提供蓝本，他不是那种哲学家。实际上，他甚至藐视这样的问题，他要求人们去思考怎样理解科学。但是即使是这样，他的意图也是全然可说明的。黑格尔所做的是要描述两种人类存在之有意义的理由：单个个体达到作为自我意识的意识本身，世界精神达到认识其作为关系总体的自身。在现代文化中，第一个理由产生了存在主义和现象学，而后者是阶级分析的开始。让我们首先看看个体的历程，注意，在我所答应给出的几个必备条件（尽可能少的）中曾特别提到，有些黑格尔学者断言以往对个体历程的诸多讨论，是由那些不具备足够科学性的黑格尔的解释者所做出的事后建构。

意识的觉醒

研究黑格尔的人易于做出同他一样奇特的断言——这是一个让那些听到或读到它们的人或爱或恼的特征。有这样两个宣言：属于柯耶夫的是，"只有两难困境：柏拉图或是黑格尔"；海伯莱特（Hyppolite）也同样郑重其事地宣布"这里关涉的是全部的人类经验"。让我们依次考察这两个人。

柯耶夫

当柯耶夫把中心的困境设定为柏拉图与黑格尔之间的选择时，他指的基本上是神学与哲学之间的选择。他写道：

> 现在，我们面对这样一个事实。一个显然神志清醒的人，名字叫作黑格尔，他声称意识到了终极真理。因此，在决定捍卫或反对哲学或神学之前——也就是捍卫或反对认识终极真理之不可能性这一宣言之前——我们一定要先看一下在宣布自己是个智慧的人时，他是否正确，看他通过他的存在是否一劳永逸地解决了所有使我们感兴趣的问题。
>
> 为了解决这个问题，我们必须看一看：（1）当前的国家实际上是否符合黑格尔那里的完美的国家

和历史的终结;(2)黑格尔的知识是不是循环的。(柯耶夫，第96—97页)

柯耶夫决定坚持不懈地论证这个主张，即问题被解决了。黑格尔是位"智者"。通过表明黑格尔完成了绝对人性的制造，他能肯定黑格尔的智慧；也就是说，在柯耶夫看来，黑格尔所做的，是要说明历史的终结实际上是一种人性的终结：人性必须不断地自我转化成为他者，特别是一种无限的存在，其无限性来自激进的变异者，即上帝。直到黑格尔描述了人性既有的状况，取消它们对于一个不可知的或不可企及的对立面的力量和可能性时，人性才能直接意识到自身。在黑格尔以我们讨论过的科学方法看到了体系之后，为人性保留的是一种有时间界限的、有限的人性观。正是在这时，人性如此认识到自身，它能同时认识到知识确实是循环的。

柯耶夫为其观点所作的辩论是复杂的。一种简洁的说法是这样展开的。首先，柯耶夫把历史的终结理论与完美国家理论联系起来。完美国家是完全真实的国家，就是说，这种国家例示了正义的每一个可能的结构。历史的终结理论是不可分割地与完美国家理论相关联的，可以说，既然完美国家已经被意识到了，那就没有什么新的东西会发生。正如我们看到的，在黑格尔"意识到"他以科学方式构想了体系之后，也就意识到了他绝不会有另一个这样重要的思想。与此相似地，当革命继续下去超过拿破仑的时候，没有什么冲突能够是新的冲突了。这里是柯耶夫的分析：

○ 　　在已有尝试的基础上我们仍不能断言，所考虑的国家（指完美国家——译注）在原则上是不可能的。现在，如果这种国家是可能的，那么智慧也是可能的。那就无须抛弃哲学，逃跑进宗教或其他领域；因此也无须使我自身拥有的意识屈从于这样一个逐渐复苏的意识：上帝，或非人的完美（美学的或其他的意义上），或宗族、人民或国家。（柯耶夫，第97页）

　　那么，存在着的国家是完成了的或完美的国家这一点是可能的。严格说来，人性只是自身，没有更大的可能性在自身之外。柯耶夫认为，当黑格尔看到这一点时，他明白了他必须放弃个体性。绝对知识的要求必须取消个体性本身。必定被反对的个体性是这样一种个体性，它带有启蒙的自治在自身之内，作为来自自身之外的礼物。新的个体性意识到自身作为拥有来自普遍物的特殊性："通过对死亡的最终接受，成为一个智慧的人；他（黑格尔）几年后发表了'科学的体系'的第一部分，题目为'精神现象学之科学'，其中，通过宣布在世上不会再有更多的新东西出现了，他最终与所有的已发表的观点和解。"（柯耶夫，第168页）

认为黑格尔消除了内在性是过于苛刻了。那可能是个理性的因果链条，但是如果遵循这个理性的链条，那么，出现的将是一种意识代替另一种意识。并不是黑格尔把体系看作摧毁离散的主体性的东西。相反，通过不允许生命起源的意义存在体系之外，内在性意识到自身是会消亡的东西。因此，它的内在性是其发展和欲望展开上的偶然事件。当体系改变的时候，那些欲望就改变了。被视作意识的实际上是一种幻觉。柯耶夫用下面这些话解释了这一点：

> 人类最终的满足，即历史之终结，必然蕴涵着（被个体的普遍知识）意识到的个体意识。这个意识也必然蕴涵着死亡意识。这样，如果人类的完全满足是历史的目标和自然的终结，那么就可以说，通过人类对它的死亡的完整理解，历史完成了自身。现在，在黑格尔的科学体系中，人类第一次充分地理解了他的根本有限性的现象的、形而上学的以及本体论的意义。因此，如果这种智慧的科学只是在历史的终结处出现，那么只有通过它，历史才是完整的，是最终完成了的。因为只有在这种科学中通过把他自己理解为是必死的——即历史的自由个体——人类才能得到自我意识的完满，不再有任何理由否定自己，成为他者。（柯耶夫，第258页）

对个体生命意义的理解所作出的这些结论，其含义是多样的。一个人可能会因此而退回到病态的消极中去。正是这种后果警示了著名的黑格尔批评家，如克尔恺廓尔和尼采。代之而来的是，可能也有人会猜想政治的介入是那么无足轻重，以至于应该默许任何一种政治形式存在。这个后果是马克思通过使体系物质化而不是精神化来极力反对的。另一种含义是更完全地授权予个体，因为他看到了真实的事物。这正是柯耶夫相信是最合理的结论的那种含义。无论读者发现或遵从哪一种含义，他或她将会明白，这些含义的展开构成了存在主义者、马克思主义者、后结构主义者以及现象学思想中的关于伦理内容的意义重大的部分。这些理论揭示的一个主要线索是人类要对自己负责。对人类来说，这似乎是开始把生命意义哲学化的适宜处所。

海伯莱特

对于研究生命意义的哲学来说，存在与时间是关键概念。从海德格尔到波伏娃（Beauvoir），20世纪的哲学家们苦苦求索的是，在我们存在的界限和我们现世的本性范围内，个体存在的真实境况。一个与柯耶夫非常不同的黑格尔研究者是他的同时代人海伯莱特。通过详述宗教意识，即哲学意识的前身，海伯莱特探讨了我们正在提请研究的概念，其表述如下：

这里关涉的问题是全部人类经验：理论上的、实践上的、伦理的和宗教的。人类的经验允许自我去揭示自身和实在，并对自己展露自身。这个经验必然及时发生，因为在意识中，"整体，哪怕还没有想到，也先于其环节"(PE，II，305；PG，558；PM，800）。因而，概念向意识呈现为一种没有完全实现的要求，还处于本身之外的自身，处在一种涉及自身的异在中。问题在于，作为意识的客体呈现出来的实在还没有被设想到，即还没有属于自身；它必定在一种与自我意识、与概念相关联的经验中被发展，但是那时这个概念就作为一种可能的经验出现。这就是为什么"时间是当场的概念，它对意识把自身表现为一种空洞的直观"。时间因而也是还没有达到自我意识的焦虑，还把自身看作外在的自身。（海伯莱特，第 579 页 ）

　　在他的解释中，海伯莱特使得个体意识与绝对精神交织在一起。而且，作为一位非常严谨和细心的学者，他解读黑格尔就像黑格尔所要求的那样：在体系的上下文语境中阅读。黑格尔把宗教意识看作是明确地承载了绝对精神的东西，并且提供了体系；此体系告诉我们，在绝对精神的展示过程中，要考察其出现的每一项工作。因此，海伯莱特致力于使我们的阅读不仅进入《精神现象学》的结构，而且穿透体系本身。他提醒我们："只有当世界精神的实际历史引导它到达自我意识的时候，绝对知识才出现。"（海伯莱特，第601页）因此，可能的精神一定要通过逻各斯、自然和精神的阶段。体系的批评者嘲笑黑格尔的自然脱离了逻辑。海伯莱特这样捍卫黑格尔：

> 逻各斯与自然是彼此相互预示的；没有另一个，这一个就不能被设定。想象逻各斯会产生自然的任何一种因果论都是荒唐的……在同样的意义上，也不能说黑格尔从逻各斯中演绎出自然，除非我们改变了"演绎"这个词的正常意思……逻各斯是整体，把自身否定为自然，这是纯粹思维的抽象，设定自身为纯粹思维，在这种自身的设定中排斥了自然。现在我们已经说到了抽象——否定本身——不是单纯的人类理解的工作，而是位于绝对的真正核心。绝对者只存在于这一否定中。（海伯莱特，第602页）

海伯莱特没有像柯耶夫一样，把绝对精神看作人类意识的总和。相反，他把绝对精神放在否定性之中，或者放在产生体系的运动之中。因为事物要前进，就一定有压力或冲突。绝对者存在于否定中。当逻各斯和自然进入历史的时候，精神作为精神就能出现在舞台上。（海伯莱特，第602页）

这些精神的序列在时间中彼此相继就是历史。从它们的组织结构的角度看，这就是现象知识的科学（现象学）。这两方面的统一体，确切地说，黑格尔从现象学中区分出来的两方面，产生了历史哲学，即想象的历史；这种历史远不是一种扬弃，不是从绝对精神中分离出来的东西，不是在上帝中不关心上帝自身的那种旅程。"相反地，它构成实在性、真理和绝对精神之王位的确定性；没有这些的话，精神将是一个无生命的孤独体。"（海伯莱特，第605—606页）

在柯耶夫那里，当我们理解了自己能真实地分担绝对精神时，生命的意义会因这种理解而丰富。因而，单个意识要以一种升华的态度，对体系外的交流保持开放。一个人会认识到，自己曾是变化着的穿行历史的行列中的一分子，不是作为上帝的傀儡，而是作为一个积极的参与者。由于丰富的文化遗产——这些文化遗产在美学的、文化的以及政治的变迁中达到高潮——我们讨论过的每个批评家都把黑格尔看作是与思想家们遭遇到的矛盾达成和解的关键性人物。这些思想家们担忧人类由于没有充分地注意历史、历史教训和先辈的智慧，从而正在损害自身，他们指出了黑格尔对螺旋式的历史的冷静描画的重要性。有人会确凿而有力地主张，我们当代的文化要求从比以往更为广泛的含义上来关注生命的意义。

走向自由

　　那么，通过反复琢磨关涉到个体与比其更大的概念之间的关系的那些难解之事，就能找到生命的意义。这些事件在黑格尔那里不是个人的事务，而是必须不仅从当代共同体的角度，而且从与思想和国家的历史处境的角度来思考的事务。被有些人认为黑格尔所不知道的上个世纪的历史，注定我们只能单单从政治的角度来思考。我们给彼此招致的毁灭，没有给私下体味个人责任留出时间；相反，现在我们应该关注政治的（或社会的）行为。黑格尔在这里是重要的，主要是因为他的历史理论和法哲学如果不是在意向上，也是在实践上成为政治理论的基础；这种理论主张，意识中的变化是任何政治运动的必要条件。阶级意识作为阶级冲突的动力这一思想能够直接追溯到黑格尔的历史的主客观精神的相互作用。让我们联系上下文考察一下这一讨论关涉的主要文本。

　　正如我们强调过的，《法哲学》是黑格尔和解精神与自然，并使之相统一的尝试。就是说，绝对精神，所有对立和同一关系的总体，以矛盾来完成。那么，绝对就是非先验的，它不是一个自在之物，而是一种向着它自身的统一体运动的实体。这样，法哲学必须出现在客观精神中，因为它是规律和现实性之躯体，二者来自在主观精神水平上那多样的观点和行动。当主客观精神克服了它们在统一体中外观上的矛盾——这个统一体是自由的表现时，它们将会向着绝对精神融合。

哲学应该关注的既不是规则，也不是个体结构。在黑格尔那里，"理解'是什么'即是哲学的任务，因为'是什么'的回答是'理性'。无论怎样，每个个体都是它自己时代的产物；所以哲学也是它自己时代在思想中的把握。"(《法哲学》，第11页)哲学不能命令，因为哲学只有"在现实性完成了自身形态的演进之后，被砍倒和晒干的时候"才会到来。(第12—13页)黑格尔着手把"法"描述为并非其所应是的东西。他的思想的循环本性使得要阐释一个单一的主题很困难。贯穿其全部的是我做了什么，我将要做什么。甚至一个只读了黑格尔哲学导论性文本的读者，也能看到黑格尔自始至终所做的一切工作。因着马克思而声名远扬，更重要的是因为法或市民社会要比错综复杂的认识论对我们中的大多数人来说更为熟悉，我选择了这个文本来涵盖其全部。当然，这并不是说完全地覆盖了，然而，它确实清晰地显示出黑格尔是怎样布局文本的。

他的所有文本都被分为三个一组。这是因为辩证的思维方法遵循否定的绝对统治。每个事物，包括哲学观点，其出现总伴随着其他与之矛盾或否定它的东西的出现。正如两个东西把它们自身实现出来，这样将产生的是它们最好部分的综合。我们刚刚强调了从逻辑到自然再到精神的发展。在紧接着的文本中，我们将从抽象权利到道德再到伦理逐一行进。直到最近的 20 年，说英语的人才把这种发展传授为正题、反题、合题。运用这些术语，你会遇到许多对黑格尔的有益的解析。然而，这也是一种误导。这里有两个原因：第一，"正题"这个词使我们大多会想起极力主张的观点。黑格尔打算让第一个阶段涵盖每一种思想之物。第二，"反题"暗示了一种纯粹的逻辑范畴，而否定则不是这样的。

在我们面对文本之前，还需要更多的关于黑格尔术语和方法的背景知识。对我们的阅读而言，下面四条界定是基本的：

1．在黑格尔那里，一个被思维之物当其还是简单的抽象时，被理解为是普遍的东西。

2．概念（Concept）是理性所具体地思考之物。

3．理念（Idea）是概念与被思维之物的综合。现实，即是存在加上本质；它是与具体性同在的抽象。在黑格尔那里，"权利之理性科学的主观方面是权利的理念，即权利的概念与该概念的现实性的结合。"（第 4 页）哲学的任务是要观照物自身的内在发展。

4．权利，总的说来，当它在一个国家中具有有效形式时，其本身是实定的；如果理性特征有必要与自然的历史相关联，那么，权利在其内容上就获得了实定性（positivity），它就是可普遍化的，并有一个法律的载体（第 15—16 页）。

黑格尔要为他的读者描述的就是权利的理念。

没有意志就没有权利。"一般说来，精神的基础是精神，其精确的位置和起源就是意志。"（第 20 页）在黑格尔那里，意志包含着两个矛盾的阶段。一方面，意志包含着纯粹的不确定性因素，在其外观上，意志是抽象的否定；另一方面，意志是在过渡中限定的自我。这里的意志是具体的否定。意志的定义是抽象否定与具体否定的统一。黑格尔这样解释了意志的两个阶段之间的关系：

○　　　每一个自我意识都知道，自我：（Ⅰ）作为普遍，作为从每个规定物中抽象出来的潜在；（Ⅱ）作为特殊，带有限定的对象、内容和目的。不仅如此，两个阶段都只是抽象。具体而真实之物（每一个真实的东西都是具体的）包含了与之对立的特殊性的普遍性，而通过反思进入自身的特殊已经与普遍相平等。（《法哲学》，第 23 页）

意志在其第一个位置上看起来是直接的。在这个阶段中，它自在地或者对于一个外在的旁观者来说才是自由的。在意志成为已经包含自在的自为存在之前，它必须使自己作为对象。这导致两个方向，其结果是关于人民国家的一厢情愿的冲动断言。一种是从一些材料中得出人民天生是善的，一种是从另一些材料中得出人民本性是恶的。这又使我们产生了关于我们是什么和我们能做什么的困惑。在黑格尔那里，现实真理是：在理解意志的矛盾之过程中我们不断地接近自由。在自由中，矛盾被统一起来，就这一点而言，我们是自由的。这样，举例来说，当黑格尔承认这一点的时候，他说明了不存在正义（符合自然规律的）制度的可能性，这种制度开始于对神圣的自由的认识的缺乏。在他的观点中，当认识到自由是一种理念之后，说一些人被另一些人奴役就是绝对错误的了。"任何一种体现自由意志的存在，就是权利之所是。权利因此被定义为作为理念的自由。"（第 33 页）

法哲学在主观方面的划分遵循着意志解析的路线。意志直接作为个性，而抽象个性的体现是抽象的或形式的权利，它构成黑格尔文本的第一部分。被反思的意志从其外在体现到自身被体现在道德中，这是第二部分。在其绝对的普遍存在中的意志是伦理生活的基础。这里，黑格尔表明这样三个阶段中的意志：作为本然意识或家庭，再下面是作为市民社会，以及作为国家或自由，后者被进一步划分为民族意识、国际政治和世界历史三个环节。

抽象权利

抽象权利的划分所用之方法，对所有法律和法哲学专业的新生来说都很熟悉。这些范畴包括财产、契约和不法，或者是黑格尔称之为"过错"的行为。在这个"过错"的范畴中，黑格尔包括了犯罪。让我们检查这些范畴，记住我们考察文本的目的不只是感受黑格尔的法哲学，而更多的是要评价对于我们来说，这种分类留下了哪些重要的东西——尤其是联系到作为个体的人、作为国家成员或团体成员的人，我们达到自由的过程。

在黑格尔那里，权利总是关涉单个人的。个人意味着一个完全被决定的人，他有自身是无限的、自由的意识。要诠释这点，我们可以根据黑格尔关于事物之主客观方面的语汇来加以重新思考。在抽象权利的层次上，单个人之所以是限定的，归因于其物质的、反复无常的本性。与此同时，他意识到自身能够成为自由的，因此实际上也是自由的。

> 个性意味着这个人：（Ⅰ）我在每个方面都是完全被决定的（被我内心的任性、冲动和欲望，以及被外在的直接的事实），所以我是有限的；然而（Ⅱ）我依然是纯粹地、独立地自我关联着的，因此，在限制中，我意识到自我是无限的、普遍的和自由的。在抽象权利之下，一种诫命在每个人身上产生："成为一个人，把别人也当作人来尊重。"（《法哲学》，第37页）

在这些情境中，财产出现了。如果它是一种单纯的事物，那么，就只能是权利的财产。但是，在黑格尔那里，人要对物绝对地占有。如果是在今天，他可能被称为人种至上主义者了：人是最重要的范畴，是能够统治其他类别的物的唯一的物。单个人可以把他的意志施加于任何东西，这是他的角色，因此，不能被占有中的物所阻碍。

占有意味着对外来物拥有权力。在黑格尔那里，关于这种定义没有限制条件。占有不与需求相关，而只是与施加于其他物的意志有关。占有物于是成为私人的财产："既然我的意志，作为人的意志，因此作为一个单个的意志，在财产中对我是客观的，财产因此获得了私人财产的品性。"（第 42 页）在黑格尔那里，被占有的是什么，被占有了多少，对权利来说是无足轻重的。财产的调节不能被任何考虑所左右，而是受到意志同物的客观关系的影响。

意志与作为财产的物有三种关系：第一，一个人把物攫为己有，这是一种肯定性的行动；第二，一个人使用物，这是否定性的行动；最后，它可能使物异化——这种关系是无限的。在黑格尔那里，就第一种关系来说，由于国家的发展，奴隶制变得不可能。占有，这一积极行为把意志的形式施加给对象，对此问题进行充分的讨论将会是冗长的。在黑格尔那里，为奴隶制辩护所提出的论证必然失败，因为他们把人类认作一般自然的存在，看作是不符合人的概念的实存。在黑格尔那里，认为奴隶制绝对不公正同样是无效的，因为它们拘泥于人的概念，把人看作是生而自由的。黑格尔强调自由在人类历史的进程中不是固定不变的东西。实际上，他认为，在国家概念下来思考，奴隶制是不可能的。对他来说，这里没有什么争议。只要意志把自己实现为单纯占有，我们标明事物单单属于我们，那么就不存在面向自由的进展。

当我们使用财产的时候，我们正在对物作出意志的否定判断："对物的使用是通过对物的改变、解构和消费，从而外在地意识到的我的需要。物因而被揭示，作为缺乏自我的自然之物，这样它就实现了自己的命运。"（第49页）异化是出卖或交换物，包含了一种对物无限的判断："我能使我的财产异化的理性是，它是我的，所以我把我的意志加于它。"（第52页）对这种分类的批评出现在第五章。

世上将不止一种意志，因而，意志之间会有冲突——特别是在财产方面。作为一种调解财产交换的手段，契约出现了。黑格尔保留了两个领域：当关涉到婚姻、市民以及它们与国家的关系时，契约都是不恰当的。婚姻关系作为一种契约，像奴隶制一样是不可能的。在黑格尔那里，婚姻是关于自我认同的，这种关系只笼罩在自身之上。进一步说，契约总是私人的事，对于被指望与国家签订契约的市民来说，是要把私人空间与公共空间弄得模糊不清。

意志偶然会与普遍者发生分歧，这样的意志被黑格尔称为

"过错"（第 64 页）。黑格尔讨论过错时，有两个重要的观点：第一，他把犯罪与侵权放在一起——二者的联系之点是过错"侵犯了抽象权利，是一种在外在事物中反对了我的自由存在的力量的运作"（第 67 页）；第二，在纠正过错时，国家只有使用抽象权利来恢复自身。在黑格尔看来，刑罚中的暴力使用是不恰当的，不论是用来反对非恶意的过错，还是肆意的犯罪。"侵害唯有作为犯人的特殊意志才具有肯定的实存。所以，破坏这一作为定在着的意志的犯人的特殊意志，就是扬弃犯罪（否则会变成有效的了），并恢复法的原状。"（第 69 页）

从权利到道德的运动包含了一个否定之否定。"意志首先把自身加予对立面，在内在的普遍意志与单个的外在独立意志之间，通过对对立面的扬弃（通过否定之否定），它规定自身是意志，甚至是自由意志，不仅是自在的，而且是自为的。"（第 74 页）因为意志成为自为的，它能把自身看作是卷入越来越多的自我关系中的，这些关系尚没有要求抽象法来控制欲望。意志的人格是它的对象："自由的无限主体，这样，主体就成为外在的，成为道德基点的原则。"（第 74 页）

道德

作为第二个术语，这部分很短。如果有人对按照黑格尔的方法建构一个详尽的道德理论感兴趣，我要说，黑格尔在《精神现象学》中宽泛地处置了道德。这里，他讨论了三个领域：目的和责任、意图和福利、善和良心。我们在道德的领域中行动。"主体或道德的外在化就是行动。"（第78页）在目的处的责任是抽象的，而这个短节是分类之一。道德，对我们中的许多人来说，关系到义务。义务寓于个体的内在内容之中，权利在理性的范围内是被期待的福利。因此，权利只为自由的实体而存在。一个自由实体施加于另一实体之上的权利，在黑格尔看来是明晰而绝对的。例如，如果另一个是处于危困之中的，这一个就有义务减轻他的苦难，这是一种对对方权利的抽象义务——而不是一个恩赐问题。在黑格尔那里，道德的内容是主体的普遍性即善。善有时是邪恶，有时是良心。"善因此是被意识到的自由，是绝对的终点，是世界的目的。"（第86页）每个特殊意志都把其意志的本质看作是善。这样说来，义务必须是普遍的，对他人的义务将会不容置疑地被指定为优先选择。

因为每个行动都明确要求其特殊内容和特定结局，而义务作为一种抽象什么也没有限定，问题出现了：我的义务是什么？没有什么有效的回答，除非是：（a）行使权利；（b）争取幸福，无论是自己的幸福，或普遍幸福，还是他人的幸福。（《精神现象学》，第89页）

主观的普遍性包含主体性，这样说来，就不是绝对理性的。因此，与朝着善的方向发挥自己的良心相反，偶然地，也会向着恶的方向，行使邪恶的意志。这是善的组成部分，对我们的自由来说是关键的。

道德关涉到个体的福利。伦理生活使自己与国家的福祉相关。在伦理生活中，道德的考虑是第二位的。

伦理生活

伦理生活被分为三个领域：家庭、市民社会和国家。家庭包括婚姻、家产和子女教育，在后一点上蕴涵着家庭的解体。市民社会包括需要体系、司法当局、警察与同业公会。国家又被分为国家法、国际法和世界历史。

这些权利的领域是公正合理的，因为作为组织机构，它们对具体的特殊个体来说是实际自由的基础。黑格尔写道：

当它们属于现实的伦理秩序的时候，被主观预定为自由的个体权利得以实现了，因为它们对自由的自信使它们发现了自身在这样一个客观秩序中的真理，也正是在这种伦理秩序中，他们现实地拥有了自己的本质以及自己的内在普遍性。（《法哲学》，第 109 页）

就在这里，也只有在这里，权利与特殊的义务相连属。在抽象权利的领域里，单个个体拥有某种权利，另一个个体就有相应的义务。在道德领域，渴望有权利与义务的结合，但是没有力量来这样要求。在伦理生活的领域范围内，权利与义务被强力结合在单个人身上。

家庭是自然阶段的伦理意识。正如我们强调过的，婚姻不是一种契约。家庭开始于一个伦理生活的契约，但是只有这样，它的契约的本质才能被扬弃。在黑格尔那里，对孩子们的义务是三重的，这可能会被国家所强迫。基本上说，父母有义务去抚养、教育和爱他们的孩子们。当家庭成员成为市民社会的特殊个体时，与作为家庭成员相反，他们就融入了市民社会。黑格尔仍然沉浸于亚里士多德所提出的伦理观念之中，他把男人看作是"在国家中，在科学中，以及在同外部世界、同自己的争斗中过着实质性的生活"（第114页）。而女人"在家庭中获得自己的实质性规定，她们的伦理性情绪就是严守家礼"（第114页）[2]。进入市民社会是一种男人的特权（和责任），而女人显然没有进入市民社会的入口，只能仍然是家庭成员。

开始看伦理生活这部分时，有人会想，为什么那么多人根本就反对黑格尔，而不是从内部批评他。市民社会是一种空间，在那里，特殊个体的具体需要有时会发生冲突，有时候却又愉快地和谐一致。女性读者们以及她们的朋友们可能对文本中的所有苦心争斗和竭尽全力的良好意志比早些时候更加缺乏热情，我们可能都会问自己，其他还有谁从勤奋而忙乱的行动中缺失了？

经济生活，或者需要体系是市民社会的第一阶段。黑格尔描述了不同的阶级，以及它们各自的义务。因为需要体系必然以处心积虑的僵局而告终，于是，公正司法成为市民社会中的被要求的因素。最需要正义的地方是克服偏见。

○ 这是属于教育、属于思想的部分，作为以普遍性形式存在的单个意识，意识到自我作为普遍的个人逐渐被理解，这里，一切都是同一的。一个男人被算做男人，只是因为他的男人身份，而不是因为他是犹太人、基督徒、新教徒，德国人或意大利人等等。这是一种被思维认可的宣言，意识到它是绝对重要的。只有当它被明确化为例如与国家的具体生活相对的世界大同主义的时候，才是有缺陷的。（《法哲学》，第 134 页）

我引述整个段落有两个原因。我保留了黑格尔所用的贯穿其全文的男性的代名词和语言。就这一点来说，很显然，我做到了，因为他没有意指他或她。像他经常做的一样，我用了"它"（it）或"一个"（one），这样做很暧昧，但却是理解黑格尔的关键；第二，我认为黑格尔的"洞见"（seeing）很重要，即平等必须是全面的。这从他反对奴隶制的论证而来。不仅如此，我还看到引述的这段里没有最后一句。我把它留给读者来解释。

法律理论这部分很有趣，包含了许多可以为我们的法律体系所效仿的教程。黑格尔强有力地主张，无论是在法律之内还是之外，没有可被证明为正当的复仇行为。他相信我们负有守法的义务，所以，如果法律允许自身是"错误"的，那么，我们必须把它看作是"唯一正确的绝对"（第 141 页）。进一步说，法必须在每种情形下被统一地执行。（在关于国家那部分中，黑格尔详细阐述了一种非常有限的行政特权。）

要强化法令，保护私有财产，警察和同业公会是必需的。当因就业机会紧缺而出现贫困的时候，最需要警察。在黑格尔那里，类似于同业公会或联合会的自治机关出现了，以使得家庭得到了保障，这种保障是建立家庭的稳固基础。自治机关之于伦理生活，就像家庭之于道德。

最后，我们到达了国家。在黑格尔看来，国家迫使个体牺牲其对需要的追求，而将个体纳入终极目的是令人满意的。既然需要体系来源于现实的具体的人的需要，那么国家就是理性的现实化。"国家是绝对的理性，有鉴于它是实质性意志的实现，在意识上升到普遍阶段时，国家就在特定的自我意识中拥有这种实质性意志。"（第 155—156 页）

正如我们看到的，市民社会以对需要体系的裁决作为目标，但却不能这样来看待国家。如果国家是那些不同裁决的体现，那么，"就证明国家成员身份是任意的。"（第156页）国家要求统一。在国家中，一个人不能自由地选择其成员身份。（黑格尔讨论了例外，这些例外是与他上面对世界大同主义的憎恶相一致的。）宗教是一种国家在宪法之下要保护的事物，但它必须不与国家相混淆。国家可能会注意到公共舆论，但从不按此行事。这表明了黑格尔对立法机关的捍卫。民主在选举官员上发挥效用。一旦选举出来，就应该允许他们行使他们的职责。国家本身的程序是十分孔武有力的，足以铲除自身的"冗员赘瘤"。

国际法是管理主权国家以及国家之间交往的法律。每个国家都应该把另一个国家看作是有统治意志的。实际上，甚至在彼此交战的时候，也依然把彼此认作是一个国家。

世界历史是权利的顶点。"从这些东西的角度看，世界历史是高居其上的事物。它的每一个阶段都是世界精神的理念之必然时刻的体现，以及是在那个阶段中获得绝对精神之时刻的体现。"（第217页）历史沿着离开东方王国，穿过希腊和罗马王国，到达日耳曼王国的路线行进。在黑格尔看来，这些王国处于严格的等级序列中，其中日耳曼王国是最好的。他以此结束了他的文本：

在国家中，自我意识在有机发展中找到了它的实质性认识与意志；在宗教中，自我意识找到了感性及其作为理想本质的自身之真理的象征；这种真理的知识，与其相互补充的显现是同一回事，换句话说，与国家、自然和理念世界是同一回事。(《法哲学》，第 222—223 页)

　　通过考察文本，也许会更清楚地看到在《法哲学》这部作品中，除了发挥作用的辩证方法之外，还有对黑格尔的辩证的反作用。这部作品使青年马克思如此烦恼，以至于花了近一年的时间来研究它。在作为其研究成果的作品中，最引人注目的是《资本论》第一卷，其中包含了非常长的论辩，用以反对黑格尔及其唯心主义，特别是用以反对在这部作品中所发现的此类东西。

　　不仅如此，黑格尔还以一种很难让人质疑的方法描述了他的国家。他所描述的国家是使非日耳曼语言的人们感到恐惧的、并且歧视妇女的国家。对建构之国家的美好及其恶的可能性的认识塑造了许多革命者，这其中，许多人称自己为辩证主义者，并在同黑格尔的辩论中植下自己的理论根基。

　　黑格尔投下了长长的阴影，但是可能不会有他的直接的先行者——伊曼纽尔·康德那么长。在下面的一章里，我们将考察一下黑格尔对康德的回答。

译者注：

① 黑格尔:《精神现象学》上卷，贺麟、王玖兴译，商务印书馆，1979 年版，第 3 页。

② 黑格尔:《法哲学原理》，范扬、张企泰译，商务印书馆，1961 年版，第 182 页。

3

On Hegel ——————— **黑格尔对康德的回答**

任何人都不能低估康德和黑格尔对 20 世纪哲学的重要性。就其理论方法而言，黑格尔并未全然抛弃康德，相反，他继承了那些与思维世界的本来面目相符合的认识论、道德论和政治学上的真理。实际上，在政治理论方面，黑格尔极为尊重康德，这可以从他的《法哲学》与康德的《正义的形而上学基础》相类似的结构看得出来。正如我们在最后一章看到的，"世界之本然"不是要成为某种"世界之应然"的纯化了的观点，而是成为黑格尔实实在在地看见的真相。在黑格尔看来，康德关于人的能力、尊严和价值的宏大体系有时对经验总体还留有盲点。他对康德的回答不是对他的反驳，而是一种"继续的对话"。

在对一个哲学家的介绍中，除了作为伟大的哲学家，如果他有时被称作伟大的神学家，那么，这时我们还没有更多地谈论上帝。谈论康德和黑格尔使得谈论上帝成为必要。不论是就体系而言，还是就稍加阅读就能感觉到的二者结构上更多的相似而言，上帝的概念都是关键性的。尽管这两大体系都有上帝作衬托，但它们并不依赖于上帝。黑格尔的绝对精神经常被解释为上帝，但是不管黑格尔头脑中的这个概念是什么，它跟最传统的基督教的观点都是不一致的。至少，绝对精神需要历史来显现自身，从而逐渐意识自身。视人类活动而定的神性，削弱了传统上被指定给上帝的全能。

康德的立场也相当复杂，尽管他的观点跟虔信派传统相一致，在这种传统中他发现了自己。按此传统，一个人认真地恪守教条律令，反对公开讨论内心的宗教体验和信念。因此，我们可以明白，除了用最抽象的术语之外，康德不会以任何一种方式谈论上帝。

不仅如此，在康德那里，还有比这一点更为复杂的。他担心，在道德领域，如果一种理论没有为它的律令提供理性的、独立的辩护，那么它对于经验主义者（例如，一个并不总是相信上帝的人）就将是无意义的，因为他感觉是被迫接受了作为理论之根基的上帝理性。他写道：

一种道德的形而上学是绝对必需的，不仅仅因为玄想实践原则之根源的动机在我们的理性中是先验的，而且因为对于只要指导方针和正确评估实践的最高准则缺失就会产生的各种败坏来说，道德本身是可靠的。因为在成为道德上的善的事情中，只符合道德法则是不够的，还必须为道德法则的目的而做。（《道德形而上学基础》，第 3 页）

使康德担忧的是，缺少这样的道德形而上学，那些不敬畏上帝的人们就无从知道正确的行为之为正确，错误的行为之为错误。而且，没有上帝的权威，人们就无从去遵从正确行动之路。在康德那里，哲学上没有什么比道德形而上学更为重要，这种形而上学要同时符合以下两个要求：适合描绘正确行为和正确行为的动机。

道德的经验正当性总是易于变化的，因而，它只偶然地具有约束力。只有扎根于纯粹理性的实践原则，才必定会被看作是理性存在物所必需的。举例来说，如果我孝顺父母的原因在于我想继承财产，我可能会践履所有正确的行为。然而，这样的伦理是危险的。按照这种模式，那些父母没有财产的儿女们就没有理由孝敬父母了。如果允许我们行为的效果评判我们的行为的话，那么逐渐损坏的，不仅是我们内心的善，还有社会的组成结构。一个人应该尊敬他的父母，单单因为这样做是正确的。

黑格尔和康德都关注上帝，但是都没有把上帝本身作为他们体系的基础或终极目的，这一点把他们同他们之前的大多数哲学体系区分开来。在他们之前也有哲学家完全反对上帝。然而，更常见的是这样的哲学体系，它们随时不知不觉地又回复到上帝之善的基础上来——上帝不情愿打击或欺骗我们。

总之，在康德那里，把本属上帝的那些部分，尤其是基督教理性化为体系，但是被迫保留着一些上帝的根基，作为同怀疑论者的反对作困兽之斗的工具。黑格尔则使上帝依赖于运动中的体系，此体系被一些人称为无神论，被另一些人归结为后启蒙时代的泛神论，也有人视之为新教派的最高成就。然而在这些体系中读到的上帝，不是早期体系中的上帝，它为来自康德的分析哲学，也为来自黑格尔的存在主义、现象学，最终为解构主义打开了一个缺口。

在本世纪，人们还大抵以为（如果从狭义上看还是正确的），如果一个哲学家被认定是分析哲学家，那他一定更有可能是康德派，而不是黑格尔派。实际上，我曾跟一位分析哲学家一起从事研究，他挑战我从黑格尔文集中去发现"哪怕只有一个论证"。康德派中经常包括一些激进的反黑格尔主义者。一般地说，那些发现自己更倾向于存在主义、现象学和解构主义的哲学家们总是花更多的时间去研究黑格尔。有趣的是，他们中很少有人被看作是黑格尔派，可能这也是对黑格尔的方法的一种特殊的评论。无论结果如何，他们最终关注黑格尔甚于他们的分析哲学家同行。

在认识论、伦理学、政治学这些涉及的话题上，我们将简要地回顾这两位思想家，在此之后，我们将重新考察他们哲学内部的分歧，并在此过程中更多地了解黑格尔。

康　　德

试图用这么短的篇幅来解说黑格尔，这足以令人沮丧不安。再把康德搅进来，真的可以将这个令人不安的过程推至顶点了。不仅如此，要是无视由康德建立起来的、用以反对他所认为是"哲学之耻辱"的结构，就不能评价黑格尔。这里提到的哲学之耻辱就是：哲学家无法证明外部世界的存在。康德对科学革命深感兴趣，特别是对人类生存现实的哥白尼变革很有兴趣。布斯（Booth）清楚地解释了这个兴趣：

哥白尼教导我们，行星运动的根源将在被观测者中找到。我们还从他那里知道，人类并不处于造物的中心……天文学的教训有很多，康德写道，但是最重要的是揭示了我们的"无知深渊"和我们可知甚少的事实。我们从哥白尼那里了解到了我们无知的深度，以及我们作为自然存在物的无足轻重。

但是在重新回到我们的要求时，哥白尼革命指引理性达到它实现"终极目的"的真实召唤，那就是，召唤处在造物中心的我们的事务。所以，康德的理性神学也是在告诉我们，在我们为一种终将无结果的对上帝及其指令之知识的寻求中，不要抛弃"道德上的立法理性的指导"。

其"惊人的后果"是，先天知识（a priori knowledge）是可能的，知性是自然的立法者，除了在可能的经验中给予我们的材料，除了在时空框架中被范畴统治的表象，没有什么是可知的；从广义上说，不可知的就是不能被经验的。（布斯，第55—56页）

先天知识是可能的，这个惊人的结果产生于详尽的论证，这些论证被组织起来用以回击一般意义上的怀疑主义，但是最特别地是针对天才的怀疑论者——大卫·休谟。康德几近于承认，如果一个人从经验主义开始，他将以主张确定的知识是不可能的而结束。康德要为哲学所做的，正是哥白尼为科学所做的：他让认识主体返回中心地位，让那些需要我们优先关注的事物成为焦点。

认识论

康德从怀疑论的泥沼中出发。哲学急需一种能够规定所有先天知识的可能性、原则和范围的科学。前面提到的休谟把先天知识置于确定的领域之外。他认为，既然不存在正当的理由来保证我们能认识建立在归纳基础上的命题，这就证明理性并不能帮助我们说明那些即使是最简单的命题是合理的。例如，他认为这种情形即属此类：我们无法确定"我知道明天太阳会升起"。

以哲学的方式提出这个问题就是：一个先天综合判断是如何可能的？形而上学作为一种自然倾向是如何可能的？形而上学作为科学是如何可能的？科学知识是《纯粹理性批判》所致力的结果。康德承认，独断地使用理性，建构旧式形而上学，就是提出一种似是而非的主张，此主张总是会遭遇怀疑主义的批判。先天的命题是那些这样的命题，如果被认识了，也只是由理性独立地认识到的：一个先天综合判断是其基础在于先天陈述的关于"真实世界"的判断。用当代术语来说，康德寻找的是对以下问题的回答：如何使关于事物和概念的判断具有数学般的确定性成为可能？如何使我们关于最基本的前设的知识主张拥有科学法则般的科学力量？我如何能够证明一棵树的存在？我如何能够知道"正确"与"错误"有着确实的内在根据？

康德认为，如果我们能够证明，单独借助于纯粹知性概念，就可以思维一个对象，那么我们就有能力开始回答上段中的那些问题了。也就是说，他认为，如果我们只用纯粹概念就可以把握一个对象，那么这就证明了纯粹概念的有效性。（我们就能确认诸如明天太阳照常升起这样的知识。）用他的术语来说，他认为，纯粹范畴能够被许可单独地思考对象，显明这一点就构成纯粹概念的充分演绎。也就是说，如果它们对于思维一个对象是必需的，那么它们就必然存在。不仅如此，这一显明还将使先验结构中的主体根源合理化，这种先验结构形成了经验可能性的先天根据。

对此，另一种表述方式是，如果能证明纯粹知性概念是我说"我知道这是张桌子"的充足根据，那么句子中的"我"和我用来作出判断的纯粹概念都是必要的，这是经验之所以可能的先天根据。这一步骤如果有效的话，就成功地回击了提出"我怎么确切知道桌子是实在的？"这个问题的怀疑论者。康德的回答将把此问题作为必然荒谬的、全无意义和内涵的问题而加以清除。

纯粹概念的演绎是这样的：

1. 一般而言，联结的可能性——只有在主体已经以某种方式对自己描绘了客体的范围内，客体才能被理解——表明主体联结了客体。例如：客体本身并未呈现三维性——是我们使它们这样。它们是三维的这一点必定是可能的。这是不可否认的综合的表现。

2. 相似地，统觉（apperception）的本源之综合统一也是不可否认的。把"我想"与所有陈述连接一定是可能的，其他感觉则是不可能的。因此，要成为可能的，就必定原本就是可能的，"我想"之所以一定是一体的，一定原本就是如此。综合和知觉的超验整体使得知性陈述成为可能："否则，表象塞满心灵将是可能的，然而决不会容许经验如此。既然缺少与普遍必然的法则相一致的联系，那么，所有知识与对象的关系都会发生脱离。"(《纯粹理性批判》，第 138 页)

3. 综合统一的原则是所有对知性的运用中的最高原则。这是知识的客观条件。

4. 自我意识的客观统一与其主观统一是不同的。我们可能经常觉得似乎我们拥有了意识的客观统一，实际上，这时，它仅仅是主观的。两者之间存在着不同，因此，这个客观统一必定是存在的，我们可以主观地"感觉"到它。就是说，正确地或错误地呈现给我的东西，与它们的本来面目是不同的。"我想"经常正确地理解了这一点。因此，否定这种差别是荒谬的。

5. 所有判断的逻辑形式都存在于它们所包含的概念的统觉之客观统一之中。康德写道："判断不过是所授予知识由之到达'统觉之客观的统一'之方法。这就是系动词'是'所指谓的……系动词'是'蕴含着表象与本源的统觉的关系，以及表象之必然的统一。即便判断自身是经验的，因而是偶然的，例如'物体是重的'这个判断就是这样。这里，我并不是主张这样的表象在经验的直观中有必然的相互关系，我所主张的是表象的相互关系，实际上是由于直观综合中统觉之必然的统一，即是说，依据一切表象的客观规定之原理……所谓'物体是重的'不仅陈述两表象经常在我的知觉中联结，不论这种知觉的重复程度如何；我们在主张的是这些表象在对象中所联结者，不管其主观状态如何。"（《纯粹理性批判》，第 159 页）①

6. 但是它（综合统觉的必然统一）只有在范畴独立于主体的条件下才是可能的。因此，一定存在着范畴。没有范畴，就没有经验的知识。

7. "演绎是纯粹知性概念的阐释，以及作为使经验成为可能的原理的一切先天理论知识的阐释——此类原理作为一般而言的空时中的现象之规定，而这种规定因其最终是从统觉之本源的综合统一而来，所以，又作为知性在与空时（即感性之本源形式）相关时的知性形式。"（《纯粹理性批判》，第 175 页）

康德指出，如果怀疑主义是正确的，那么我们经验到的事物将是毫无意义的。即如果我们永远不能确定呈现给我们的东西，那么就没有什么东西有意义。但是事物通常是有意义的。我们带着惊人精确的知识遨游全世界。我们以系统的方式施加给事物以纯粹概念，这样看来，事物——理性存在物和概念不仅存在着，而且因为我们对事物的经验通常是有意义的，所以它们必然存在。

进一步说，这些事物还因密切相关而有序地结合起来。统觉的综合统一像对象的有机统一一样对于可能的经验是必需的。康德把认识论的重担扔向对手。如果有人要担心我们的感官知觉的根本实在性,康德就要求有一个连贯的叙述,最好是论证,来说明这种担心为什么值得我们认真对待?

道德

在康德看来,当一个人行事时,他总是按某种一般原则行事,无论他认识到这些原则与否。在他看来,有两种普遍的法则:自然的普遍法则,它描述事物必定是怎样的;自由的普遍法则,它描述所有人在一定的环境里都应该怎样做。在康德那里,我们有运用意志驾驭情势的能力,我们会自然而然地按照普遍法则行使意志。自相矛盾的意志是这样的:如果当 p 和 q 不可能同时为真时,一个人想要 p 是真的,q 也是真的,他(她)就会被说成是自相矛盾地行使了意志。例如,一个人撒谎说他正在按照一种原则行事,这种原则允许说谎。因为他不可能始终一贯地执行这种许可,所以这是矛盾的。为了使语言总是意味着它所表达的,人总是想要遵照真理的原则行事。永恒意志被想说谎的意志所阻碍,这是任何人的意志里都有的一个必然的矛盾。

无论是在道德论还是认识论中,事物的表象及其根本实在性都是非常重要的。注意,在上面这段话里,人们按照某种法则行事,不管他们知道这些法则与否。康德把我们描述为现象的存在（表象），同时也是本体的存在（实在）。（有些解释者认为，康德哲学的这个主张是一种本体论的。就是说，他们认为康德的观点在于指出了我们有双重自我。我倾向于认同那些相信康德所描述的是我们经验自身的两种途径的解释者。）依照上面提出的论证，一个人的现象自我有其呈现之物，这些呈现之物作为经验被认识。但是，因为我们不能认识或直接经验到我们的本体自我，所以还留有不可知的领域。关于它们，我们知道的只是它们一定存在。如果它们不存在，那么前面提到的悖论将会随之发生。也就是说，如果我们想象的只是现象的自我存在的可能性，那么原理和对象一股脑地呈现给我们，而我们却没有什么可以牢牢地把握它们。当客体的表象呈现给我们的时候，我们却没有能力告诉自己要去注意什么。涌向我们的将只是无法区分的形状、颜色和光。

在道德领域，这种区分尤为重要，因为怀疑主义的根源就在于，我们对一个行为是否正确的这一点的不确定性。在康德那里，我们能够知道正确的事情是什么（正确的事情就是能被理性的存在物始终一贯地用意志选择的行为），我们知道我们必须要做的事情（我们与理性紧密相连，不能协调的行为是与我们的本性相矛盾的），而且我们能够知道我们是否做对了。（这个行为与正确的原则一致吗？）我们不会知道的是，我们是出于义务还是出于自私的利益来采取行动。纯粹知性范畴就是我们知道的这三件事情的根据。对于理解我们是不是善的，没有看似可行的机制。善良意志的生效只是因为它是该做的正确的事情。但我们并不总能按照善的意志来行为，更多的是遗憾。因此，在某个给定的情形下，我们的动机比我们要迟钝。我们无法知道我们的意志是不是善的。比如，如果我说了真话，那可能是因为我不想招致朋友的愤怒。这不是说真话的理由。如果这是我的理由，要是我足够幸运的话，我的朋友们既不担心我的真诚，也不怀疑我们之间的相互信任，那么，我就可以自由地说谎了。

有些评论者相信，善良意志的昏暗不明对维护一种系统的神学恰恰是必要的。如果我们有权支配我们意志中的善或恶，我们就处在一个评判我们的道德价值的位置上了。我们是受驱使去把所有的理性存在物视为在道德上有无限价值的。只有上帝有权就品德属性作出判断。回到尊敬父母的例子中：我可能这样告诉自己，我尊崇父母，因为这是一个好女儿通常做的。尽管如此，我尽孝心的一部分原因还是着眼于想要继承财产。按照康德的观点，我自己的各种动机之间的斗争只能被一个全知的存在（Being）所决定。（这一观点是受抨击的，因为正如我们看到的，黑格尔就把自己假定为这样的"存在"。）

通过区分本体的和现象的客体，包括我们自身，怀疑主义得到了回答。怀疑论者认为他们不知道什么是正确的；他们实际上不知道的是，自己是否在正确地行事。在认识论中，事物绝大多时候在前后一贯的形式中呈现给我们一种确定性，这一确定性证明对象有其根本实在性，即本体的世界。在道德上，此种确定性引发的后果是，容许承认康德称之为绝对命令的东西有其绝对必然性。正如康德所说：

> 每个人都必须承认如果一个法则在道德上是有效的，即作为义务的根据是有效的，那么它一定会拥有绝对必然性。他必须承认，诸如"你不应该撒谎"这样的命令，不仅仅对人类有效，其他的理性存在物也要遵守它，所有其他的所谓的道德法令也正是如此。他必须承认，道德义务的根据不一定在人的本性中，也不一定在人所置身的周围世界里，但是一定单独在纯粹理性的概念里被先天地找到。（《道德形而上学基础》，第2页）

绝对命令是规范的原则，通过这个原则，所有的实践规则都被推演出来，读一读原初表述："因而，绝对命令是唯一的，那就是：只依从你同时认为应该成为一条普遍法则的箴言去行动。"（《道德形而上学基础》，第30页）

政治理论

鉴于我们就康德的知识论和道德论所看到的，他的政治理论就没那么多可惊奇之处了。他论证道：

> 然而，在理性的实践练习中，自由的概念通过实践的基本原则证明了它的实在性。作为纯粹理性的一种因果关系的法令，这些原则独立于所有的经验条件（独立于任何可感知的事物），单独决定了意志，而且证明了其在作为纯粹意志的我们中的存在，在此意志中，道德的概念和法令拥有了它们的本原。
>
> 在这个绝对的（从实践的角度来看）自由之概念之上，无条件的实践法则被建立起来，称作道德。（《正义的形而上学基础》，第 22 页）

这一段表明，在康德那里，自由是人们与生俱来的。法律和道德源自这一内在的自由。就是说，在负有相应的义务的同时，我们被说成还享有自然权利。在康德那里，国家可能被证明是错误的。它们的有效性并不取决于历史环境，相反，是由上面界定过的"道德绝对"所决定的。

康德没有在从逻辑上与正义截然不同的领域内考察道德。实际上，正义必定是道德。他所借以发挥作用的自由之定义是：（1）它是一个理性的纯粹范畴；（2）它是超验的、本体的，因而也是不可知的，但借助于超验的论证，从本体论意义上说又是可证明的；（3）它只在符合必然性时发挥作用。在康德那里，一个人是"其行为易受责难影响的主体。相应地，道德的人格仅仅是道德法则下理性存在物的自由"。(《正义的形而上学基础》，第35页）在康德那里，单个的人只是为他（她）自己行使意志。

正义的领域涵盖了外在实践的相互关系、意志与意志的相互关系以及意志的形式。正义是许多条件的集合体，在那些条件下，一个人的意志按照普遍自由能和别人的意志结合起来。这样，在康德那里，正义的普遍原则就成为：

○　　　　每个行为在本质上或在原则上就是如此：每个对立面的意志自由按照普遍法则与每个人的自由共存。(《正义的形而上学基础》，第35页）

某些加于政治存在物身上的责任是一种荣誉，它对任何人都是公平的。（当一个人不能确定他是否犯下不道义的罪时，为了得到一种自我给予的、成熟的暂休，他应该从社会中自主地退出，并且承担起自己的责任。）康德认为关于权利的命题可以是先天综合的，因此，权利能被分析地理解。

在康德那里，就像在黑格尔那里一样，私法关涉财产。但在康德那里，一个人还有责任从仍属私人的领域中出去，选择归属于一个国家。对照之下，公法包含宪法、立法体系和司法。在康德那里，国家的福祉不可还原为公民的福利。人们通过分析国家的宪法与绝对命令相一致的密切程度来判断国家的福祉。甚至在国家技艺上，康德坚定地保留了反因果主义。正如在道德理论上，康德关心的是，我们要记住我们总是知道什么是正确的，记住我们能够做正确的事情。（这是分析的，我们不能被迫去做我们不能做的事情。）当我们让结果玷污了唯一正当的动机，即我们做了正确的事只是因为它是正确的事时，问题就产生了。

康德没有使用像"世界历史"这样的术语。尽管如此，他仍然认识到了国际法，认为如果国家公正地行事，并且相互尊重彼此的自治权，那么永久和平是可能的。要实现这一点，人们必须从人类本性敌对的观点内走出来，转而意识到人的自由是在对本性之善的统觉中才能找到的唯一的东西。谢尔（Shell）很好地描述了这个过程，她写道：

康德把自己的艰巨任务定位于重新发现和肯定精神的确实性，这种确实性似乎要被科学不可挽回地毁掉了……我们将自然感知为不仅是敌对的，而且是不公正的，我们主张一种被自然拒绝的满足的权利。这个要求本身不能减轻我们的麻烦。在发泄着对世界的愤怒中，我们也抱怨我们的需要。但是，如果我们向内诉诸我们自身，我们反对自我的义愤就能够拯救我们。这样的自我反对使自我克服或超越我们内在的自然本性成为可能。康德对人类困境的最后回答是对人的权利及其所赋予的力量的主张，这些权利让人们在自由和尊严中具有超越本然世界的力量，而人类是本然世界中一个被决定的、微不足道的部分……伴随着愤怒的转向，人类不仅成为权利的主张者，而且是权利的持有者。(谢尔，第42页)

就像我们即将看到的，自然的角色会招致来自黑格尔的强有力的反对意见，这体现在一切事物上，从财产到家庭，再到国家及其地位。黑格尔描述国家的产生时很难把它们提高为像绝对命令那么崇高的东西。他并不赞同康德的陈述，即"永久和平的担保就是那个伟大的艺术家——自然（natura daedala rerum）"（《论永久和平》，第24页）。和平不仅不是某个人能设定的目标，它当然也不能为自然所保证。他们之间立场的不同首先出现在关于事物可能性知识的层面上。

黑 格 尔

黑格尔强烈地要求将主体保留为知识的对象，而不使之沦为一个物。正是在精细描述这个主张时，他创立了现代现象学；除了许多其他的哲学成就外，现象学拥有下列值得提及的论题。

首先，它毫不讳言地肯定对象存在。我们也不妨从那儿开始。其次，尽管主体和客体在有意识和无意识的意向性这一特质上是不同的，但它仍然把主体、客体视为在本体的层面上是平等的。将黑格尔的认识论看作是对康德的回应，将会使这些问题更为明晰。

认识论

我们把在康德的演绎中所看到的与黑格尔坦率的主张相对照。这个主张是说，"但对象是真实的东西，或者说，它是本质，不管它是否为人所知；即使它不为人所知，它也仍然存在，而要是没有对象在那儿，就没有知识。"（《精神现象学》93，第59页）这种对比所蕴含的是一个看来比其本身更显坦率的观点。记住，在黑格尔那里，一切都必须是有资格的，配得上它在体系中的位置和它进入精神的历史进阶。例如在"感性确定性"这一阶段上，主体和客体的真相不是唯一的情况。科尔布（Kolb）详述道：

在黑格尔那里，没有什么是直接的，在思想中和在现实中都是如此。思想及其与实在的关系一定会从绝对形式的运动的角度被思想。这种绝对形式的运动演进是：普遍性（逻辑）、特殊性（逻辑范畴在异化世界、在自然中的展开）、个别性（逻辑范畴作为形成中的自明的个体，精神）。这些时刻的每一个都贯穿于另一个之中；没有一个时刻是"第一的"。（科尔布，第86页）

黑格尔的总体性，即上下相关但又同时发生的三段论模式排除了下述问题：什么是现象？什么是物自体？就是说，在康德那里，物自体的设定是知识的根基的必要条件，但对黑格尔哲学思考的方法来说则是不必要的。他认识到，康德的理论是对以往那些理论的发展。尽管如此，黑格尔对根本实在性不可知这一点还是不满意的。从呈现之物到实际上本有之物的桥梁能够被看作隐喻性的，当且仅当它是一个我们可知之事实的普遍条件时才行。因此，我们只承认存在一个事物，也就是意识，在这样一个世界中可能会产生出知识的理想进展。

这一步骤解除了怎样跨过桥梁的问题。对于理解这一点，科尔布同样是有帮助的，他写道：

在黑格尔那里取消这个问题是他超越康德的重要一步，康德总用一个物自体的陈述包围着他的范畴推演。对于任何必须要经历的过渡和应用来说，概念和精神运动的绝对形式提供给它在自身内运动的空间。

当逻辑序列按照它自身的模式被思想完全把握的时候，整个世界的内容和自我意识至少被包含在它们的必然性之中了。没有完整的概念序列被运用于一个异化王国。无所不包的统一体的无情外延意在预防我们通常向因果论和机械论提出的问题。不存在需要外在原因的转变和过渡；我们一直在思考整个世界的必然性结构，正是在此范围内，通过思考纯粹思维的必然性结构，我们发现了自己。在黑格尔那里，我们对解释性机制的要求实际上反映了一种理解上的失败，逻辑范畴比任何我们能作出的关于它们怎样过渡到自然和精神的解释都更为根本。（科尔布，第86—87页）

实际上，这些逻辑范畴太根本了，以至于一旦对它们提出质疑，就揭示了一个颠倒的世界，在其中，一种无意识就悬搁了对黑格尔来说最重要的一种知识——宇宙大全的知识。日热克（Zizek）在讨论康德时解释说：

自在之物一旦被设定为不可企及的，每个普遍物就都潜在地被悬搁起来。每个普遍物意味着其有效性和根据都被悬搁了的例外之点。或者，把它放在当代物理学的语境里说，它意味着"黑洞"。这个

"黑洞"根本上就是康德哲学的主体本身,即先验统觉的空洞主体。(日热克,第 45 页)

康德哲学中的主体从一个形式的立场出发去认知,其本身是形式的。在黑格尔的精神现象学里,黑格尔则是要把握住这个被怀疑的普遍物和形式的主体之间的张力。他要弄清楚的是,如果我们颠覆了本体和现象,会有什么发生?如果只有一个东西,即精神,那么主体如何保留自身之外他者的压力?如果只有一个东西,即精神,那么它物如何超出其自我同一性之外?他的回答是,自我意识总是被它的重叠和围绕着它的自我意识所反映。日热克写道:

自我意识的原初重叠提供了"主体间性"的基础:正如黑格尔的惯用说法,如果自我意识只有以另一个自我意识为中介才成其为自我意识,那么我的自我意识——精确地说,就这一点而论,自知跟自明是不同的——引起了一个无中心的"它想"的出现。(日热克,第 68 页)

黑格尔的主体有认知的能力,甚至不对怀疑论真正发生兴趣,除非是把它作为一个阶段,通过这个阶段继续其走向在世界中完全理解自身的道路。任何一定的主体性必定会遇到和反驳怀疑论，就像绝对精神在通向绝对知识的道路上遇到和反驳怀疑论一样。

在康德哲学中的主体之前，我们拥有的不是一个严格意义上的主体间性，而是一个单个人的共同体，这些单个人共享一个普遍而坚实的基础，并参与其中。只有康德把主体的观念作为复数（–S），作为自我知觉的空洞形式，作为构成上"不可知"的实体。这时为了详细说明我的自我同一性，需要另一个主体：他者所想的我之所是，正刻画了我自己最亲密的自我同一性的核心。（日热克，第 68—69 页）

主体不再孤立于事物和其他主体。它作为认知者和作为被认知者是世界的一部分。虚空，这个康德哲学认识论中的"非一个主体"（not-a-subject）需要被反映而认知自身。黑格尔哲学中的主体是一个其他主体在场的主体。在黑格尔哲学中，单个主体这种说法是没有意义的。在认识论中，这意味着，黑格尔哲学的主体性暗含着对除了统一性的绝对原则之外的外在普遍物的拒绝。但是，甚至这个原则也"溜掉"了。日热克说明了同一性原则总是濒临于耗尽自身的边缘。在黑格尔那里，简言之，同一性依赖于造成差异的东西。我们从同一通向差异，那个时刻，我们把握到，一个实体的同一性包含着一簇基于差别的特征。例如，社会同一物，"X"这个人，他由一组他的社会授权构成，这些权限都是由差异界定的：只有在关涉母亲和儿子的时候，一个人才能是父亲；在另一重关系中，他自己又是儿子，等等。（日热克，第130页）

　　这样说来，认识论在道德中，如果不是在全面膨胀的政治理论，至少也在伦理生活中，把一切都联系起来。对于一种哲学，如果同时涉猎多个支脉，有时会被看成是古希腊哲学的翻版。我希望简单扼要地通过康德的历程可以在某种意义上推翻这种观点。柏拉图把知识论和道德论看作是紧密联系着的，但那大致是因为他要证明，如果一个人认识了真理，他就必然是善的。为了绝对精神，黑格尔不抵触这一观点。为了配合这种观点，他还坚守许多立场，如他提出的历史分期和社会构成理论。因此，许多知道真理的人也会做背离真理的行为，黑格尔给出了例子。进一步说，在黑格尔那里，关键不在于连接形式上的空洞概念，而在于在其复杂的相互关系中详述理念。

道德

正如我们已经看到的，道德的地盘处于抽象权利和伦理生活之间。也就是说，抽象权利（每个单个人本身的权利）被道德即自由的领域所取代，而后者继而被伦理生活所取代。道德是与主体相关的，即是具有自我意识的意志存在物。在道德的范围内，原则属于自由的无限主体性。也就是说，在道德中，意志对于其对象有了人格。从抽象权利的意志到道德的意志有一个运动，被黑格尔描述为否定之否定。一开始，意志处于它所盲从的普遍意志和它自身的明晰的独立意志之间。通过对这两个相反意志的否定之否定，意志在它的定在中作为意志决定自身。意志不再是自发的，而是自为的。

在黑格尔那里，道德被伦理（社会）生活所取代，但在康德那里则不是这样。举例来说，家庭以及相应的契约和责任的领域，在黑格尔那里不属道德领域。自为的个人之自由意志被这第一个社会团体所遮蔽。然而，在康德那里，不存在意志个体之外的普遍法则的观念。因而，康德的道德领域保留了道德中的个体，因为普遍法则与一个普遍法令的立法者是一回事。这样，比如对黑格尔来说婚姻是伦理问题，而在康德那里则是道德问题。属于人类群体的，如家庭等的权利在康德那里属于正义的形而上学要素。黑格尔拒斥这个观念，即立法可能适于相互关系中的个体。

在黑格尔所分析的市民社会的需要体系中，还可以发现另一个分歧。因为市民社会是（彼此竞争和个体的人们）利益的战场，与市民社会相连的权利不可能与每个人有关。它必定是相互竞争的需要的综合。康德的个体自治观念贯彻于市民社会，不容许道德在这一原初点上被僭越。柯耶夫证明了贯穿于道德领域的个体自治忽略了这样的事实：社会中必然存在着矛盾对立。他可能主张康德的理论不适于冲突的现实，而黑格尔的体系实际上叙述的正是一个充满了矛盾的现实。

这里给出的是黑格尔对康德批评的精要说明：

> 康德的道德宇宙论是"一窝无思想的矛盾"……意识绕着一个圆圈从一个位置越向另一个位置，而没有认真地保留它们中的任何东西。其出发点就是在一个自然的世界中存在着现实的道德意识。但是行为者行动的时候，和谐被意识到了，所以也就不再需要假设。[哈里斯（Harris），第 75 页]

在黑格尔那里，道德意识作为自然世界的本源而存在这一点没有太多的含义。他关心行动甚于任何其他的，而且只在行动的意义上，我们才开始判断行为的对与错。（这并不意味着黑格尔没有思考我们应该探讨的原则。只是他认为直到有了决定性的行为之后，它们才会出现。到这一点，我们所处的就已经不是"自然的世界"了。）这个一般的分歧没有把黑格尔归结到康德所嘲笑的简单因果论的位置上。然而，它可能把黑格尔归结到康德也嘲笑过的道德人类学的行列——在那里，一个人通过观察人类的因而也必然不完美的行为来解读什么是道德。不仅如此，康德主义者可能还要回答的是，黑格尔巧妙地提出来的关于行动的问题。我赞同维斯特法尔（Westphal）所说的：

> 如果忽略了黑格尔对康德伦理学的批判，那么一切沿着康德传统发展道德论的现代尝试都将是不负责任的。处于这个批判的中心的是这样一种主张：纯粹实践理性的箴言和原则，对于确切地回答日常生活中出现的基本道德问题是不够具体的。（维斯特法尔，第55页）

道德上的批判并非没有政治理论上的衍生后果。当道德和政治理论有其基本上必须遵循的共同的逻辑原则时，如果这些原则不能观照现实，那么将很难弄清楚我们日常所遭遇的各种问题。比如，我同女儿的关系与同侄女关系之友善是不同的吗？一个国家总统跟他所服务的公民相比，要隶属于不同的道德吗？一个好的领导者有必要悬置道德，而毫无道德规范地为了国家的人民维护他的权力吗？在原则的坚定性和解释的微妙性上，康德是值得敬佩的。他广泛研究了从描述行动的道德格言的各种原则到有时我们明知我们正在做的是错误的但还是不得不选择这样去做的特例，并加以回应。而黑格尔比这更注重实效。在这一点上，维斯特法尔还是有帮助的：

　　　尽管黑格尔批判康德时的巧妙措辞使人认为他把康德的原则仅仅当成某种完全空虚的东西，但一种更明晰的、哲学成果更丰富的解读可能多少像是这样的：通过寻求把道德建基于从社会历史条件中抽象出来的理性之上，康德只制造出一个原则，这个原则显然太空洞了。人类的伦理生活要求更具体的指导。（维斯特法尔，第60—61页）

政治理论

　　通过聚焦政治理论来结束这种对差别的考察，是一项简短的工作。黑格尔追随了康德作品的结构，正如在早些时候提到的，感兴趣的学生可以带着这两位哲学家的著作坐下来关注它们之间的不一致。（这很有趣，康德的绝对原则比黑格尔的更加严厉，而实现起来却同样温和，但是我把判断的一致之处留给感兴趣的读者。）雅克伯森（Jacobson）很好地总结了一般的不同：

黑格尔对康德的批判是双重的。第一，义务的法学不能以理性为前提。权利的法学也只有按照与普遍立法不同的理性标准才能够以理性为前提。第二，黑格尔对"为什么我应该尽义务"这个问题的回答，是因为你爱那个你对之负有责任的人，而不是因为你希望自己成为理性的。（雅克伯森，第111页）

第一个批评表明两个人的分歧有多深。抽象权利能够单独地建基于理性的抽象原则之上，但这只是一种奠基于逻辑之上的自我意识着的理性，这个逻辑正如黑格尔所描述的——几乎是活生生的物。在黑格尔那里，义务恰恰不能被建立在理性的基础上。在这方面，康德和黑格尔关于婚姻的争论是很有趣的。读者会记得，康德相信婚姻是一种契约，而黑格尔憎恶这个思想。讨论康德时，在我们那个关于动机的例子里，我们只使用了恶的动机。如果善的动机不是完全出于对责任（义务）的爱，康德也会避开它们。在教授康德哲学时，学生们总是突出这一点，他们不想让他们的孩子（通常是将来的）只是出于义务而待他们好，而是因为孩子们真的爱他们，希望他们快乐。我告诉他们，他们已经真正参与了黑格尔的论辩。

被雅克伯森如此精确地抓住的差异，切中了重要的分歧。举例来说明，当黑格尔谈论国际法时，距他的头脑最远的就是和平的可能性问题。他一开始就"认识到"我们将盼望自己国家的最充分的表现，而这将包含斗争——就像我们的内心生活包含压力和我们的逻辑包含矛盾一样。如果一个人回答说，按照康德的观点，起码设想一下世界的可能性，总该更好一些，既然只有某个非理性的人偏爱战争甚于和平。那么，他根本不是在同黑格尔对话。理性地偏爱和平甚于战争的地方，不是人类可到达的地方。对于此时的冲突，我们宁愿它结束，然而陈述与康德所表达的立场则是与经验相左的。

这并不意味着黑格尔喜欢冲突，只是意味着他预料到了冲突。而这一点，当然不可小看。正是在此，人们注意到了哲学的危险。大多数哲学家更多地站在黑格尔一边，而不是康德一边。柏拉图把战争的不可避免性看作是跟我们的欲望联系在一起的：我们期望着享有比邻人更多的奢华。黑格尔是危险的，恰恰是因为他把他的声明置于价值判断之外。当我们进入到对黑格尔的批评时，我们将进一步探究这一观念，即虽然乌托邦思想在历史中参与了制造痛苦，但"现实政治"（realpolitik）的思想却也难免产生坏的结果。

译者注：

① 康德:《纯粹理性批判》，蓝公武译，三联书店 1957 年版，第106 页。

4

On Hegel ——————— 哲学家在文化分析中
的角色

黑格尔主义的文化

　　文化（教化）一词对黑格尔而言，意指某种相当独特的东西。他的意思是指，当一个人所做的事具体化为文化的，诸如经济体制、艺术、宗教、文字或社会环境的时候，他所做的规范事情。他接着又给文化指定了一个特定的角色，这个角色既存在于世界历史中，又存在于可被称为社会的逻辑空间里。从世界历史的意义上说，文化是启蒙运动的阶段。在黑格尔那里，在这个时段上，精神同它自身深刻异化，因为这个时代占统治地位的意识形态向个体讲述了它们自己，后者还没有深刻认清这一切。他们"被告知"，他们承载道德和权利的法则在自身之内。因此，在他（她）的个体感知，即占统治地位的论说所描画的图像，与通过宗教、国家、革命而体验到的现实之间存在着裂缝。

举例来说，在启蒙运动期间，有相互对立的"绝对价值"的两极。一方面，无论代价如何，都有对功效的尊重；另一方面，是与宗教的一种发展的关系，尽管起先表现为迷信。在这里，语言变得特别重要，因为必须找到一种方法来表达矛盾，以使得它们看起来本来就是统一真理的部分。正如我们将要看到的，语言的力量的确带来了一种统一性。

在文化上，精神是令人迷惑的：没有什么是它看起来所是的样子：

> 对自己的概念有所意识的精神，就是现实和思想两者的绝对而又普遍的倒置和异化；它就是纯粹的文化（教化）。人们在这种纯粹教化的世界里所体验到的是：无论权力和财富的现实本质，或者它们的特定概念善与恶，或者善的意识与恶的意识，统统没有真理性；相反，所有这些环节都互相颠倒，一个过渡到另一个，每一个都是自己的对立面。（《精神现象学》，521，第316页）[①]

在精神的这个阶段中，它迷恋于自身的魅力和智慧，这时它最不知羞耻地迎合凡是被其周围的人们视为是最好的一切。这个时期的记录将是对现实的歪曲，因为精神相信自己是高贵而有权威的。

> 精神所述说的有关它自身的那种话语，其内容是一切概念和一切实在的颠倒，是对自己和对于别人的普遍欺骗；而正因为内容是普遍的欺骗，所以述说这种自欺欺人的谎言骗语时，那种恬不知耻，乃是最大的真理。(《精神现象学》,522,第317页)[2]

精神本身在形态上相当有缺憾，而生活于其中的人们则更糟。黑格尔几乎上升到了幽默的高度。

> 它是自为存在着的自我，它不仅知道怎样判断一切和议论一切，而且它还知道机智地从其矛盾中说出种种坚固的现实本质以及判断所设定的种种坚固的规定来，而这种矛盾就是它们的真理。从形式的方面看，它知道，一切都是自身异化了的：自在存在是与自为存在分离了的；想望中的目的是与真理分离了的；它并且知道为它存在又是与上述两者分离了的，冠冕堂皇的理由又是与真实本意和真正的事情和意图分离了的。因此，它知道如何正确地

说出每一个环节都与别的一切环节相反对，它知道如何正确地表达一切环节都是自己的颠倒；它对每个环节的了解比每个环节对自身的了解还更清楚些，不论这个环节是怎么规定、怎样构成的。(《精神现象学》，526，第 320 页)③

精神总在寻找通向增强自我意识之路，像青少年一般必定贬低一切对别人表现出价值的东西，在每一阶段上都断言，它比那些与问题最切近的人们知道得更多。(在这个时期，精神满怀信心地告知人们，他们并不知道他们的真实自我，而抽象正义内在于这种真实自我之中。)

从主体发展之逻辑的角度来说，文化是这样一个时代，其间，我们不知道我们是谁，而文化的记载者则把自己炫耀为真正的文化标记。随着范畴的充分运动，我们将进入道德，在那里我们又一次知道我们是谁。只有这时，我们才知道我们对虚空的理解力的限度。我们也会确切知道此前我们只能通过自我异化来认识的东西。但是，自我意识的剧烈变动，从个性发展的角度来说，可能有其最严重的后果，那就是使自己不知所措，或者使父母们在聚会中多次陷入难堪的境地。对精神本身来说，巨变的结果将是恐怖的统治。

在黑格尔那里，文化的构成如下所述。文化是一个中介性术语，位于作为伦理秩序的真正的精神与确信自身的精神，也就是道德之间。在这两个阶段之间的精神是自我异化的精神。自我异化的精神之世界包括文化及其现实性和宗教（处于其尚无启示的状态）王国。因为宗教保留了"本质单纯的信仰"，启蒙出现了。（《精神现象学》，528，第322页）纯粹洞察力是被召集来对抗失望的，此等失望产生是因为人们认识到"人生活在本质单纯的信仰中"。失望引发一个人去寻找更强烈的自我感觉和在文化中的作用。其结果是一个被提升的信仰，当人生活在文化中的时候，这种信仰容许超越文化的能力以及对名誉的寻求和对神性的理解。也就是说，简单的形象思维中迷信般的信仰，被一种对神性及其文化角色的纯粹洞察力取代了。尽管如此，纯粹的洞察力不是同样的宗教信仰，它裹携着前述的文化的不适之痕迹在自身之内。纯粹洞察力不会迫使一个人加入宗教团体，也不会使人屈从于道德；相反，它导致了启蒙。

对此问题的论证最好留给黑格尔本人，他说：

天赋、才能，以及一般说来的各种特殊能力，都是属于现实世界的东西，因为现实世界本身还包含有这样一个方面，即它还包括精神的动物王国，而在这个王国里，为了取得实在世界的种种本质，精神动物还处于暴行和混战之中，互相斗争，互相欺骗。——毫无疑问，上述的那些差别，作为一些真正的"样子"（或品种），在这个世界里已不复存在。

个体性既不满足于非现实的事情自身，也没有特殊的内容和固有的目的。相反，它只算作是一种普遍有效的东西，一种培养教化出来的东西；而区别就只归结为能力大些或能力小些，归结于一种大小上的区别……但这种非本质的差别就一个意义说来已经消失了，因为在意识完全分裂了的状态中区别已转化为绝对属于质的差别。在那里，对于自我说来是对方或他物的东西，只是自我本身。在这种无限的判断中，原始的自为存在的一切片面性和独特性都被消除了；自身知道，他自己作为纯粹自我即是他自己的对象；而且，两个方面的这种绝对同一乃是纯粹识见的元素……因此，纯粹识见是这样一种精神，它向一切意识呼吁道：你们要在为你们时是所有你们在自己中时所是的样子，都要是有理性的。（《精神现象学》，537，第327—328页）④

第二章中，在讨论康德和黑格尔关于上帝的思想的时候，我提到了康德，这位启蒙思想的启示性人物由于教育的和宗教的原因，他已经从其体系的正式结构里取消了上帝。黑格尔这里没有直接地像康德那样讲，但是他可能已经这样做了。他主张没有宗教内容，没有上帝，信仰的公理仍然完好无损。走向绝对知识的每一步都是前进的阶梯，文化中的每一步进程都是进步的。而且，就纯粹直观而言，对上帝的简单信仰的废弃，有着非常高的文化价值。实际上，在一个没有上帝的体系中存在着一种冷酷，它所遗漏的问题正是康德要拯救的，即道德动机。纯粹洞察力与被看作是文化曲解的东西（这里是指被导致了不和谐倾向的东西所曲解）是相反的，与宗教感情也是相反的。因此，建立在纯粹洞察力基础上的启蒙，注定要求一个大剂量的否定以到达下一阶段。启蒙阶段有两个时刻：与迷信斗争的时刻以及与信仰斗争的时刻。

在这个部分中，黑格尔的行文是最丰富多彩的。在这里，精神偷偷摸摸地接近某人，他是如此的没有教养以至被卷入到宗教偶像的麻烦中：

> 而现在，它作为一种不显形迹和不受注意的精神，悄悄地把高贵的部分到处渗透，随后，彻底地把全无意识的神像的一切内脏力和一切肢体都掌握起来，"在一个晴朗的早晨，它用臂肘把它的同伴轻轻一推，于是稀里！哗啦！神像垮在地上了"。——在一个晴朗的早晨，连当天中午都不见血迹了，因为病的感染已经把精神生活的一切器官都已渗透。（《精神现象学》，546，第 332 页）⑤

反宗教信仰的战斗继续进行，启蒙没有注意到，它没能成功地用它自己授予权利的方式来调和权利。

○ 　　　　更进一步地，当启蒙认为信仰者的崇拜对象是石头或树木，或者其他的有限的、神人同形的东西时，它继续反对信仰者的权利，但是，后来他自己也承认了这种权利。(《精神现象学》, 578, 第 346 页)⑥

在启蒙中有一个真理，它就是功利和纯粹洞见的结合。"纯粹洞见从功利那里获得了它所缺少的肯定的对象性；纯粹洞见因此就是一种现实的、在自身中满足了的意识。"(《精神现象学》, 581，第 355 页) 这使理性主义者狂喜，因为他们能够理性地信仰宗教，信仰宗教的同时重视商业，还能够对付那些使他们沮丧 (经常是决定性的贫困) 的问题，而不会感觉到宗教良知或市民社会的刺痛："这两个世界和解了，天堂被移植到了地上。"(《精神现象学》, 581，第 355 页)

天堂在地上只持续了短暂的时间。启蒙的信条之一是绝对的自由。当"意识"找到了它在有用性中的概念时 (《精神现象学》, 582，第 355 页)，就没有什么可以禁止任何一种行动了："于是，在这种绝对自由中，由整体分解而成的那一切精神领域，也即一切社会阶层都被取消了。"(《精神现象学》, 585，第 357 页)⑦对于任何一个社会集团来说，既不能有专门的特权，也没有特殊的义务。一个人无从"知道自己的位置"，而且，如果他不能遗忘的话，就无从去按知识行动。在黑格尔那里，这是对任何肯定之可能性的毁灭：对话、工作、仲裁等。反之，它导向了这样一点，在那里，只有否定：

> 这种运动因而是意识对它自己的交互作用：意识在它的这种运动中并不把任何作为一种自由的与它相对立的对象的东西抛弃掉。因为这个缘故，意识不能达成任何肯定性的事业，它既不能达成语言上的普遍事业，也不能达成现实上的普遍事业；既不能完成有意识的自由制定的法律和规章，也不能完成有意志的自由所实现的行动和事业。(《精神现象学》, 588, 第 358 页)⑧

可能有人推测，全部能量会进行到某个地方而终止。但是在黑格尔那里，能量最终的结局是愤怒："普遍的自由因此既不能产生任何肯定性的事业，也不能作出任何肯定性的行动；留下的只是否定性的行动；只是制造毁灭的狂暴。"(《精神现象学》, 589, 第 359 页)⑨这个既无内心反省，也无教养的巨大的复仇女神制造了恐怖：

> 于是，普遍的自由所能做的唯一事业和行动就是死亡，因为被否定的东西乃是绝对自由的自我的

无内容的点，所以这是没有任何内容的、没有任何实质的死亡。它因而是所有死亡中最平淡、最冷酷的死亡，其意义不会大于劈开一个菜头或吞咽一口凉水。(《精神现象学》，591，第360页)⑩

一旦到达了恐怖，精神很快就会找到其道德品质的发展。它转而通行到下一个阶段：

自我意识与上述本质（普遍意志）交互作用而达成的文化或教化，因而是最高的和最后的文化，从这种教化的观点上看，自我意识的纯粹的简单现实已直接消逝，已过渡为空虚的无有。在教化世界本身中，自我意识直观不到它在这种纯粹抽象的形式下的否定或异化，它的否定毋宁是内容充实的否定，是它异化了它的自身而换取来的荣耀和财富，它获得了绝对自由中的自身的位置；它的否定是毫无意义的死亡，是本身不含任何肯定性的东西，不含任何充实内容的否定物的纯粹恐怖。(《精神现象学》，594，第362页)⑪

对文化的描述是令人迷惑的。初看起来会让人相信，黑格尔可能认为繁荣的文化生产的时代会导致彻底否定。但他显然并不这么认为。也可能有人会想象得相反，认为黑格尔正试图找到一条途径，以便能够最清楚地指明，在我们所推崇的文化生产的种类和我们或承受并理性地支持，或积极地寻求破除的社会和政治状况之间有直接的关联。似乎很清楚的是，黑格尔认为启蒙思想家对恐怖统治自我展现的方式负有责任。但是他多少有一点尴尬：他可是一个正在讲述绝对精神的故事的智者。在他的邻里中，他很难被指望来评论剧情。我相信，就黑格尔而言，通过关注他在哪里扮演了文化分析者的角色，又在哪里没有如此扮演，我们能够找到非常有趣的东西。在分析会延缓历史的完成之处，他大抵会保持沉默。

黑格尔与文化的关系

在我们刚刚考察过的这部分里，除了其他思想家，黑格尔很可能指涉到康德和亚当·斯密。他也参考了文化的构成，包括社会各阶层和他们的服饰、音乐、舞蹈、戏剧和文字。在整个的这部分中，他只点名提及一部作品（狄德罗的《拉摩的侄儿》）。这是一个有趣的事实，说明黑格尔与文化的首要关系是普遍的，而不是个别的。他不太对任何个别的文化产品感兴趣，而是对于那些文化产品怎样反映现实这个整体更感兴趣。我们可能会问自己，关于今天的电影什么才是更重要的——是对博克曼（Pokemon）的深层分析，还是一个这样的讨论，它虽然没有涉及到这种分析，但是充分讨论了通过电影为孩子们制造精神消费品问题。这些电影已经达到了一点，即对话不再仅仅是围绕着产品的空洞的聊天，而是重复多遍的可供购买的玩具。

　　机敏的读者可能会因这个例子而苦恼，因为它没有深入地描述关于上面提及之作品的可能的结果。（估计它意欲写些什么？）从某种意义上说，在讨论关系时，作品是什么并不重要。要弄清楚的是，一个人不仅能够作出关于博克曼的深入的文化分析，而且即使没有观看过这部电影，也能如此。黑格尔在他的美学演讲中极少提到作品，即使是那些众所周知的。这些参考材料处于流动状态，这是可说明他演讲特色的例子：

○
　　　　提克（Tieck）在口头上老是要求"反讽"；但是临到他评判伟大的艺术作品时，他对它们伟大的成就的认识和描绘却是深刻的。人们也许认为，《罗密欧与朱丽叶》那样的作品最便于说明反讽，可是不然，我们被欺骗了——因为在批评这些作品时，提克总是不提反讽这回事。（《美学讲演录》，第 75 页）⑫

　　除了关心文化的普遍运动（而不是它的离散的局部），黑格尔还关心文化影响其他认识自身的意识领域的方式。因而，美学领域中的写作几乎是专门讨论其他的美学哲学家的。

最终，黑格尔对艺术表现什么的关注，远胜于对它怎样被表现的关注。如果被表现的对象足够崇高，那么形式也将跟着是庄严的。就黑格尔所有的关于复苏自我意识的谈论而论，他没有拘泥于某个参与内心旅程的概念。我们不知道他自认为在文化中的特定角色应该是什么，但是我们通过考察他在文化的三个环节——艺术、宗教和哲学本身中做了什么，能推断出种种重要的可能性。

艺　术

美学演讲是黑格尔哲学体系的最后阶段上的第一个术语的解说文本。也就是说，绝对精神有了它的出发点——艺术。就演讲自身而言，这也是相当成问题的。至少，黑格尔有点过分舍弃艺术的未来。真正好的艺术产生于古典时期，另一方面，诗歌至今仍是好的，而他听起来对未来不抱什么期望。

更为严重的是，很难看出他是怎样坚持另一面的。文化已经被消融于更高的意识形式，而他对艺术的界定，只能适用于为了艺术自身的目的，而不能被用于道德的或其他目的的艺术。另外，他对于艺术的现实态度又是明智的，艺术反映了它的时代的最佳状态，而且它不能不这样做。（艺术家决不能决心去操纵外在于历史必然性限度的东西。）所有留下的就是天启宗教和哲学。就像许多美学家，他没有狂热地拔高艺术，热望其成为哲学的艺术。天启宗教也没有很多的材料要表现。还是让我们看看他用自己的话是怎样说的：

> 在自由的意义上，好的艺术还不是真正的艺术，只有当它在与宗教和哲学相同的领域占有了自己的位置，成为一种单纯的展现意识的形式，带来了神圣本质的死亡，人类最深刻的利益，以及思维的最有理解力的真理，艺术才完成了它的最高任务。在艺术作品中，国家凝聚了最深奥的直觉和最核心的理念；好的艺术因而是一把钥匙，许多没有对立面的民族，借此来埋解他们的至理名言和他们的宗教。（《美学讲演录》，第9页）

到此为止，一切顺利。黑格尔给我们演绎了什么是我们应该从体系中期待的艺术。但是后面的几页听起来有些忧郁，当黑格尔宣布："艺术在它的最高命运的层面，是为我们保留过去的东西。"（《美学讲演录》，第13页）看起来似乎艺术结束了，如果它被召集来承担某种职责，比如为道德服务，那么艺术将不再继续作为艺术，对此，我们无能为力。所以，我们欣赏过去的艺术，把它看作是它在坚守它在文化中的位置。一个最仔细的黑格尔美学的批评者——米歇尔·茵伍德，给我们提供了关于黑格尔动摇于两个位置之间的最明晰的解读，他说："黑格尔摇摆于这两个位置之间：历史已经为艺术耗尽所有的可能性，或者历史耗尽了当前可以想象的所有可能性。"(第 32 页)。

回到哲学家在文化分析中所起的作用，我们最好非常认真地采纳黑格尔的意见。如果最后的艺术作品被创造于很久以前，那会怎样？关于我们的文化和生产模式——这种生产模式炫耀自己比那些拒绝消费它的人们更懂得什么是艺术什么不是——又可以说些什么？它怎样帮助我们解释无穷无尽地循环的电影和戏剧？在黑格尔所描述的范围内有很多问题被提出来。我们还可以加上一个他不可能问的问题——我们如何成为后启蒙主义者？无论如何，黑格尔继续了这种角色，他自己默认了这一点。他按照他的体系范畴来推断什么是艺术的本相。

天启宗教

如果说黑格尔没有给未来的艺术保留更多的期望，那么，它为天启宗教做了，所以，我们应该更多地注意关于天启宗教以及在他与它的关系上他说了什么。正如维斯特法尔提示我们的：

> 因为黑格尔绝不是第一个被用上永远有疑问的概念"基督教哲学家"的人，然而有问题的是，他是第一个被冠以甚至有更多麻烦的"新教哲学家"的头衔的人。(维斯特法尔，第 149 页)

可以特别地、毫无隐讳地宣称：黑格尔是路德主义者。我们在政治理论中看到，他对政教合一不感兴趣，无论这里的宗教是不是基督教。"在黑格尔那里，一个基督教的或犹太教的或伊斯兰教的国家从术语上就是矛盾的。"（维斯特法尔，第161页）天启宗教是新教的，也是哲学的。哲学家的作用看来是双重的，既要以哲学的术语来表达天启宗教是什么，还要维护它的具体体现的地盘。维斯特法尔认为：

在我们这个时代，我们有理由为流行运动的出现而不安：把神权与各种道德问题相结合，在家庭的一般名目之下，伴随着文明宗教的高声祈祷的，本质上是一个要维持权力和财产的垄断这一国家长期的军事和经济现状。我相信，我们也同样有理由沮丧，因为庸俗化的社会是这一运动的一种反映。这个社会不仅把善等同于权力、享乐和财富，而且在这样做的时候接纳了一个完全工具化了的理性的概念，把道德还原为单一的格言，即目的证明手段。

黑格尔对变革的雄心勃勃的解释把一个相对容易的任务摆在我们面前，这个任务就是对那些替代品和寻找替代品这一格外困难的任务说不。（维斯特法尔，第163页）

维斯特法尔的分析在我看起来是正确的。一个人对他所暗指的流行运动的恐惧，从政治意义上被恰当地理解了，但是使之产生的文化也必须得到富有成果的理解。让我们考察一下在黑格尔那里天启宗教的性质，然后回到哲学家在文化分析中的作用，这种文化分析支持以维斯特法尔所描述的风格进行的世俗的或宗教的运动。

黑格尔非常小心地叙述天启宗教，没有参照任何将要甚或可能与历史相反的事件。在接下来的段落中，他以上帝存在于世界这一进入了历史的信念开始了天启宗教：

○ 于是，意识不再从其内心、从思想出发，把上帝的思想和存在结合在一起。而是从直接当前的存在出发，并在其中认识上帝。(《精神现象学》，758，第 458 页)[13]

这是信仰越来越切近时所发现的，这样一来，与科学的思想相同一的是寓于每一个精神中的神性。上帝直接地出现在个体中。上帝是一个人的信念被上帝存在于每一个个体中的观念所替代。人们想要它如此：

○ 因此，上帝在这里正像他存在着那样被启示了；……他直接地作为精神出现在那里……确切地说，天启宗教所知道的正是这种自我。前此世界的希望和热望都急迫指向着这种启示进展、洞见到什么是绝对的本质，并且在绝对本质中找到这些希望的寄托。(《精神现象学》，761，第461页)⑭

精神必须绝对地进入世界，形象思维有助于我们利用创世的故事。自然被揭示为渗透了精神，正如个体被揭示为拥有精神。

因此，那仅仅永恒的或抽象的精神将会变成自身的他物，换言之，将会进入定在，并且立即进入直接定在。它因而创造了一个世界。《精神现象学》，774，第467页)⑮

一旦我们思考创造，无论是以最原始的形象思维方式，还是以天启宗教的方式，我们必须解决恶的问题。天启宗教与思辨哲学相一致，即每个事物都包含了它的反面。恶在精神中的出现不少于善。恶存在于个体中，正如同它存在于精神中。

善与恶是思想所具有的确定的差别。只要其对立还没有消除，它们被表象为思想的本质，每一个都是各自独立的，则人就是无本质的自我，并且是善与恶的定在和斗争的场所。《精神现象学》,777，第469页)⑯

天启宗教要求一个共同体。为了成为一个共同体，为了世界中的神性，死亡的出现和神人的复苏是一种理性的提示。

　　　　神性之人的死亡，作为死亡而言，是抽象的否定，是这种运动的直接结果，这种运动只以达到自然的普遍性而告终。在精神的自我意识里，死亡失去了自然意义，换句话说，转化成刚刚提到的概念；于是死亡就从其直接意义上，以一个个别的人之不存在被美化为一种精神的普遍性，这种精神生活于它的宗教社团中，天天死亡，又天天复活。(《精神现象学》，784，第 475 页)[17]

天启宗教没有关于未来的承诺，但却为社团和爱提供了位置。

　　　　这个世界与神圣本质真正潜在地和解了；当然，神性本质知道，它不再把对象认作自身的异化，而是当成在它的爱中与自己同一的。(《精神现象学》，787，第 478 页)[18]

黑格尔把他所看到的描述为宗教思想的发展，把关键性特征看作上帝与人的遇合。确实还有太多的东西遗留下来未被明言，在此，黑格尔把哲学家的作用看作是用最理性的术语来解说天启宗教的信仰者所已经知晓的东西。

回到莫罗尔德·维斯特法尔的恳求，即我们要审查自己的时代所流行的信念和那些指涉根基的更有力的信念的发展（包括对文化不适症的反应），我将补充的仅仅是，看起来比让哲学家详解宗教和其他文化思想的历史更为可取得多的是把这些信念置入严格的方法论审查中，而不论它们找到了什么来继承几千年的（基本上）拥护政教分离的传统。

哲学

在一本书名令人振奋的书——《德里达之后的黑格尔》中，斯图加特·伯纳特（Staurt Barnett）写道："黑格尔揭示出：哲学的任务就是书写经验的历史。"（伯纳特，第9页）至此，在我们同黑格尔一道的旅程中，他看来就是这样做的。天启宗教和艺术一道被引入黑格尔体系的最后一个阶段：哲学。这里，他让我们读的文本是《哲学史讲演录》。哲学家在文化分析中有这样一种作用，即认识日常观念并找到它们从中由以被给予的形式。这看起来像一个内在地值得捍卫的作用。文化研究和后结构主义中所进行的令人兴奋的工作凸现出黑格尔所留下来的遗产，那就是，密切关注的不是文本的历史性，而是文本本身及其回归前人的轨迹。

虽然这本小书不可能提供出任何思想家在发起批判攻势之前值得关注的方面，但我们已经充分验证了，这些批评将会是公正的。在黑格尔那里，还有很多值得钦佩的地方，有一个广阔的领域要向他学习，但也有很多东西必须被超越。

译者注：

① 黑格尔:《精神现象学》（下卷），贺麟、王玖兴译，商务印书馆，1987 年版，第 65 页。

② 同上书，第 66 页。

③ 同上书，第 69 页。

④ 同上书，第 78—79 页。

⑤ 同上书，第 84—85 页。

⑥ 同上书，第 102 页。

⑦ 同上书，第 116 页。

⑧ 同上书，第 117 页。

⑨ 同上书，第 118 页。

⑩ 同上书，第 119 页。

⑪ 同上书，第 123 页。

⑫ 黑格尔:《美学》，朱光潜译，人民文学出版社，1958 年版，第 83 页。

⑬ 黑格尔:《精神现象学》（下卷），贺麟、王玖兴译，商务印书馆，1987 年版，第 235 页。

⑭　同上书，第 238 页。

⑮　同上书，第 245 页。

⑯　同上书，第 247 页。

⑰　同上书，第 253 页。

⑱　同上书，第 253 页。

5

On Hegel ——————— 黑格尔的批评者

黑格尔的批评者观点各异，人数众多。他们包括露丝·伊里加雷（Luce Irigary）、弗里德里希·尼采（Friedrich Nietzsche）、索伦·克尔恺廓尔（Soren Kierkegaard）、卡尔·马克思（Karl Marx）、朱丽叶·克利斯提瓦（Julia Kristeva）。没有提到的还有雅克·德里达（Jacques Derrida）、米歇尔·福柯（Michel Foucault）、贾尔斯·德勒兹（Giles Deleuze）、伊利斯·杨格（Iris Young），以及许多其他的人。因为篇幅的原因，我将着力评介那些从事黑格尔辩证法研究的批评者。有一些哲学家过去推崇黑格尔的理性内容，其他哲学家却就此不假思索地反对他。如果人们不将其体系视为如此完美，以至于愿意以整个学术余生来详解这一体系，并为之添砖加瓦，那么他的方法本身就可排除盲目的信从。

不止在一个国家的政府高级人物中存在着他的辩护者。一种对黑格尔的非哲学研究将不得不把他们的工作及其后果考虑在内。黑格尔在国际法、世界冲突的历史性解释以及现实决策（诸如国家福利与商业管理这样不同的问题）等方面的影响太大了。不仅如此，黑格尔在关于哲学家在文化分析中的作用这个问题上的立场，还要求我们站在每一种立场上，对它全面、历史地加以研究。

相似的是，那些不加思索地反对他的人们各执一端。最终，有人会作出判断说，虽然黑格尔不一定让人感兴趣，如果人们要去理解自己置身其中的文化，那么，忽略了对黑格尔的研究，只能是一种肤浅的抛舍。借助于黑格尔，有人在反对他的时候恰恰找到了自我。他可能从宏观上抓住了黑格尔的哲学体系，而后，正如我们在第二章所强调的，他会意识到，举例说，黑格尔已从总体上把女人从文明社会中排除出去了。也有其他哲学家这样做了，但是我们不能轻易地继续用对待这些其他哲学家的方式来解读黑格尔。因为，对黑格尔来说，他本应该更好地认识这一点。我在第一章中概括时代背景的原因之一就是要表明：黑格尔宣称一种绝对、科学的观点的时代，不是一个妇女对其遭受排斥保持沉默的时代。为什么黑格尔对这些行为熟视无睹呢？另一个很有意思的是，为什么他又那么明显地维护他在结构上所作的容纳？

也许甚至比黑格尔本应该或本不应该认识到什么更为要紧的是，黑格尔作出了绝对的宣称。一个人本可以采取大量的技艺高超的逻辑上的步骤，为了女人而拯救体系——女人能独立地，而不是集体地获得绝对精神，这个体系可以朝着包容的方向被修正，等等。但人们仍然要问，如果黑格尔确实把女人强调为主体，又会怎么样？

另一种批评是针对黑格尔体系的无情死板的运动，这种批评使人几欲放弃该体系，而在他处另寻哲学的指引。法国哲学家贾尔斯·德勒兹就是这样做的。他对只容许一条自由之路的体系不感兴趣，他创造了精妙的反体系，它在每一个术语上都拒绝否定范畴。

要处理的最困难的问题之一是新教徒、日耳曼人和基督教在历史终结处的位置。例如，我们看到，柯耶夫把这一步骤视为传统有神论的终结：人文时代已经被预报。还有其他文本解读的方式，所有这些解读方式都太复杂，以至于在此处无法详述。还有很多文章论及体系内部历史之自我意识的可能性，从中把整个文化排除出去。

我向读者们推荐一篇论文，我发现它是一个很好的切入点。在"阿善提（Ashanti）法庭上的黑格尔"中，罗伯特·贝尔纳斯科尼（Robert Bernasconi）提及了黑格尔作品中一个特殊的例子，以及围绕该特例所展开的批评，更重要的是还涉及了哲学家之所以很难确认这些问题的原因。贝尔纳斯科尼在他的论文中完备地研究了黑格尔对文化的诊断，而他在此之前的判断缺乏下述东西：（1）考察黑格尔所写的现实事物；（2）考察在黑格尔写作的时代所提供给他的东西，以及在文化方面，他已经知道的或他本应该知道却忽略了的东西；（3）在这些方面，坚持要当代学者为他们替黑格尔所作的辩护负责。

我把对它的评论作为考察这个问题的起点，作为认真负责的批评的范例。

在此，有读者可能会思考，在"为什么研究黑格尔"的导言部分里，某些提法可能是由体系中的排斥性倾向构成的。为什么等到现在才论及这一点？读者可能会合理地询问。这一部分给出了三个原因：黑格尔陈述了值得我们研究的关于生命意义的存在论；他同康德的争论主导了20世纪的哲学；黑格尔以一种决定性的方式改变了哲学家在文化中的作用。他是这样一种思想家，即使我们选择了要忽视他，我们也不能这样做。正如德里达所说的："我们绝不能结束对黑格尔的阅读和重读，从某种意义上说，除了在此作出自我解释之外，我什么都没做。"

我并不想建议，我们应该做的是任何形式的"反性别主义""反种族主义"或是"反极权主义"。相反，我们必须注意，在我们思想之镜里面，什么是坏的，在我们有能力判断的范围内，只继承那些好的部分。由于这些批评性解读的复杂性——有的太忠诚于黑格尔，或有的太急于反驳他——我们将把自己限制在严格的哲学意义上的批评内。也就是说，我们将关注在不遗漏所有部分的前提下，试图调整体系的那种批评。

我将关注四种批评，一条中心线索贯穿于这些批评中：黑格尔对实在性的描述遗漏了如此关键性的东西，以至于不作重大的调整，辩证法就进行不下去。

克尔恺廓尔惊异于黑格尔所相信的他能为绝对精神代言。按照克尔恺廓尔的观点，被黑格尔忽略的是上帝的不可渗透性，以及个人与上帝之间本质上的私人交流。如果这些交流能够成为直接交流，那它们必定是错误的。因而，即便克尔恺廓尔不能免除受辩证法思想的影响，但他不允许把这样的思想应用于上帝。

伊里加雷指出了黑格尔删除性别差异引起的本体论问题，除非完全重新思考它的起点，否则体系就不能恢复。正如她对许多哲学框架所做的，她表明：去掉了对性别差异的排除，特别是对女性的排除后，黑格尔体系看起来将是什么样子。

我把几种批评汇入同一个部分，叫作"差异之间的交流"。哲学家们主张，因为黑格尔哲学体系赋予否定以太多的力量，同一性的原则不能包容差异，正如他所指出的那样。

最后，我们将关注马克思对黑格尔体系的革命性的颠覆。对马克思稍加阅读就会知道，他使黑格尔的体系物质化了，这与黑格尔所苦心经营的精神本体论相对立。还有一个很重要的问题是方法问题，马克思以此挑战黑格尔关于哲学家之作用的观点。马克思把黑格尔看作这样的哲学家，即认为哲学家只能解释世界；而马克思主张哲学要改变世界。

是体系化了的基督教吗？

在我们已经自我限定的范畴内，索伦·克尔恺廓尔也许是黑格尔最严厉的批评者了。他的批评可能被一些哲学家视为个人偏狭之见而被忽略掉了。在克尔恺廓尔那里，黑格尔被说成是坏的基督徒，因而他对基督徒现实性的描述也不是基督徒的。我们将关注的著作——人们熟知的叫法为《附言》，全称为《结论性的非科学性附言》，是早期著作《哲学片断》的续篇。可能有人看到这个题目就会止步，从而放弃分析。克尔恺廓尔有太多的趣味性和太大的重要性使我们不能就此停止。黑格尔致力于科学的努力，很难想象哲学可以作为片断来从事。把一个断章的附言作为对黑格尔的批评，这从文体上和根基上挑战着他著作的基础。

《附言》提出了两个问题：关于客观基督教的问题："它的真理是什么？"关于主观的基督教的问题："我，约翰纳斯·克里马库斯（Johannes Climacus）能够怎样追求基督教所承诺的幸福？"约翰纳斯是克尔恺廓尔在这本书里为自己署的笔名。

在讲述这两个问题时，克尔恺廓尔那敏锐的才智和优雅的文风对准了许多思想家，但是没有哪位思想家比黑格尔受到更大的刺伤。

克尔恺廓尔是反体系的。他那远多于 500 页厚度的著作从客观性的问题出发来论述。这部分内容结束于该书的第 55 页。对什么是客观基督教的真理这一问题的解决是，基督教不是那种可以容许客观地研究的东西，因为它是至上的内在性的宗教。

这里有两点都值得强调。第一是他的批评。他认为黑格尔用以表述天启宗教的方式使由他个人承诺一种方式或其他方式变得不可能。在克尔恺廓尔那里，基督教是这样一种东西，要个人对它负责。黑格尔在他的作品里拒绝展示他个人，这是对他自我表白是真正的天启宗教的作家这一事业的打击。进一步说，如果黑格尔是对的，克尔恺廓尔相信，即使这个人不是黑格尔，也不能因此自称是一个基督徒。在克尔恺廓尔看来，没有比黑格尔所描述的社团更"非基督徒"的了。理性地讨论圣死与复活的人格肉体既不能使它真实，也不能给它以生存论的意义。

与克尔恺廓尔不同的是，黑格尔把基督教视为历史现象，不仅在历史中产生，而且在全部历史中演化。克尔恺廓尔不能同意这个观点。当我们关注天启宗教时，这就变得很清楚了：对黑格尔来说，重要的不是，是否有一个历史人物把神性和人性结合进自身；重要的是，信念变得越来越理性，由原来对信仰的形象思维发展到通过天启宗教对其表象的纯粹直观。克尔恺廓尔通过简单的质疑——"如果基督教不是历史的，将会怎样？"——来表达他对这一立场的反对。

他并不担忧对这点的批评，也承认人们可能会说他"真笨！为求新奇而提出这种说法，多么不正常啊！要知道，特别是现在，哲学已经到达了对历史必然性的理解。"（克尔恺廓尔，第52页）克尔恺廓尔非常认真地坚持基督教的永恒性。在《反讽的概念》一书中，他提出，苏格拉底具有基督徒的品质，这是一个黑格尔不会尊重的历史立场。

这样，客观性的问题就得到了解决，克尔恺廓尔转向主观性的问题。我们看到，柯耶夫默认了黑格尔的如下宣言：他看到了绝对知识。相较之下，克尔恺廓尔对之则不那么"宽厚仁慈"：

○

作为一个个体的人是被取消了的东西，而每个思辨哲学家都把自己混同为普遍的人类；因而他变得无限伟大，在同一时代根本没有其他的存在。在他全然错乱的头脑里，把自己与人类相混淆，就像对立的两派都在激烈地谈论忠诚的"我们"，就像水手们说："魔鬼可能抓住我。"但是如果一个人很长时间地沉浸于宣誓，最终总会归于简单的絮叨，因为所有的誓言本身都是无力的；当一个人发现每条街上的顽童都能说"我们"时，他会认识到它意味着额外的东西，毕竟，那是一个特殊的个体。当一个人发现连每个住在地下室的人都能玩把自己作为人类的游戏，最终他会了解，作为一个纯粹而简单的人比玩时髦的社会游戏更有意义。不仅如此，当一个"地下室居民"玩这样的游戏时，每个人都会认为他可笑；然而，实际上，世界上最伟大的人这样做的时候，其实同样可笑。一个人可以允许自己因此而嘲笑他，同时仍然因为他的天才和学识而公正地、恰当地尊重他，等等。（克尔恺廓尔，第113页）

他这里的批评是说，黑格尔所要求的那种知识很愚蠢。"就上帝而言，现实性本身是一个系统；但是就任何存在着的精神来说，它不可能是一个系统。"（克尔恺廓尔，第107页）他详细解说了一种肯定意义的观点。对个体来说，有三个存在领域：美学、伦理和宗教。这些领域不是被必然性联系着的，任何个体的或历史的阶段也并非不得不按顺序从一个领域过渡到另一个领域，甚至根本就没有这样的过渡。可能有人会在审美领域度过全部生命。与遵照理性的法则从一个阶段向另一个阶段过渡这种无情的精神运动相反，在克尔恺廓尔的体系里，当一个个体决定冒险尝试的时候，跳跃会从内部发生。我们借助于信仰的跳跃跨越克尔恺廓尔的这些王国。

在黑格尔那里，体系因否定的概念而运动。因此，例如，启蒙运动朝着道德运动，因为其矛盾的深重产生了暴力，而暴力要求道德的自觉来重新肯定自身。克尔恺廓尔通过两条道路批评普遍运动的形式：第一，在面对每一点客观知识时，人们会遭遇这一真理：只有近似的知识。特定的历史知识不能被确定地知晓，因为其具体细节的丰富性疏漏了特殊性；第二，黑格尔意识到了现象的多样性。这就是他以一个必然客观地存在的主体和众多以共同结合的精神之身份而与主体相匹配的客体的方式回应康德的原因。克尔恺廓尔是这样回答的：

> 既然历史知识是近似的知识，那么它的绝对性就是虚幻的。思辨的结果是一个误解。所有的绝对知识都没有能成功地表达认知主体在存在中的境况。它所关涉的毋宁说是一个虚假的客观的主体。把自己与这样一个主体相混淆是被愚弄了……除了我自己存在这一事实之外，没有什么历史的东西对我来说是绝对确定的。历史性的东西对其他个体而言，也不能成为绝对确定的，他有的绝对确定性也只是他自己的存在，而这可不是什么历史的东西。（克尔恺廓尔，第 75 页）

这本书的结尾是这样的，他以约翰纳斯·克里马库斯的名义告诉他的读者，他不会说他是一个基督教信徒，因为在他看来，成为一个基督徒太难了。这可能是所有批判中最切中核心的话。在克尔恺郭尔看来，做一个基督徒，并不意味着要去教堂，要在一个宗教团体里，或思考上帝的意义；相反，它意味着在与上帝迂回的交流和沟通中活着。

性 别 差 异

在转向伊里加雷对黑格尔的批评之前，我引述名为《德里达与女权主义》的书之序言中的一段。在这个序言中，有一点表现得很清楚，要理解德里达，必须首先认真研究黑格尔。要研究这两个哲学家中的任何一个，都必须研究黑格尔在其哲学体系中排除女人的范围。

对于自我展开的绝对精神来说，黑格尔使这个问题的决断成为内在的：既是它在语言中的反思，又是它在实际行动和社会形式中的体现。男人的身体需要由女人妥帖照料，对他们来说，女人的职责就在于对血肉之躯的关照，属于家庭礼仪的范围，正如安提戈涅先是照顾父亲，然后是她的兄弟；而男人自己属于行动、科学、政治、哲学这些公共领域。

甚至语言，这个普遍化的中介，对女人来说，也是异质的和迟钝的。绝对之体系依赖于劳作与生命的区分。[费德尔（Feder）、罗林森（Rawlinson）、扎金（Zakin），第1—2页]

上面描述的观点是关键性的。黑格尔没有注意到，在他写作的时候，发生在他身边的事实——女人慢慢认识到自己作为女人的重要性。（如果他注意到了，他也没有注意到其在体系中的重要性。）他从向着绝对精神的运动中排除了女人，正是因此，家庭使自身解体，并进入到社会。接下来，他又没有意识到，尽管迄今仍有人对性别区分保持沉默，但是每个其他的组织结构都依赖于被遗弃的女人的物质实在性，这是他的第二个盲点。这一批评很重要，因为它既没有背离黑格尔的术语，也没有背离他的方法。我们留到后面的东西，又以某种其他的形式出现在下一阶段中了。带着这一思想，让我们转向法国哲学家和心理学家露丝·伊里加雷对黑格尔的分析：

客观精神同绝对精神的和解只有一条可能的途径，即重新思考性别的概念、诸性别以及它们之间的伦理关系。这将整合既存的资料。客观精神将不再由头和躯干、精神和身体组成，因为它们被那么贫乏地连接在一起，以至于成长和发展要依靠阶段性的战争、压制、毁灭和消除——假定任何一种结合实际上在历史上都曾发生过；最近的哲学家的记录则表明了与此相反的事实。黑格尔也坚持这一事实，精神从未真正进入历史，因而弗洛伊德和其他人关于文明的悲观厌世的观点同时发生了。（伊里加雷，第141—142页）

伊里加雷的批评是老到的。她认为，全部体系蕴含的许多冲突都归因于对女性的物质性的在先占有，这种占有是在黑格尔所演示的沉默的方式中进行的。她从其他事物中援引了与天启宗教有关的参考材料。例如，耶稣救世主这个历史人物作为历史资料走近我们时，并没有使得自身与女人相分离。这个信息从黑格尔哲学体系中缺失了，因为对他来说，耶稣救世主的实际事实也是缺失的。（我们在第四章看到，实际上，在黑格尔那里，精神并没有切实地进入历史，而是借助于反反复复的形象思维。）体系中性别差异的缺失，不是一个单单针对黑格尔的孤立的哲学现象。

由于黑格尔，这种排除被沿续下来，例如，继续贯穿于大多数现象学家之间。于是，海德格尔在《存在与时间》中没有从本体论或本体的角度上太多地注意性别差别。黑格尔对性别差异的消除暗暗地渗透于20世纪的、实际上包括21世纪的思想。他的忽略，就他的时代来说，不是必然的，这一点很重要。

柏拉图消除了性别差别，但是，甚至他也花费了相当多的精力来思考性别差异。

对像黑格尔这样百科全书式的思想家来说，没有能够关注感性的证据，也没能关注引导他、包围他的历史现实的迹象，必然使他同自己的方法和他所描绘的现实粗暴地决裂。由于他拒绝把性别差异作为一个分析和观察的根本范畴来思考，所以其体系过度的暴力本性可能是不可避免的。

伊里加雷的批评对今天的思想家们来说是关键性的。在文化中，"女人想要的"通常被描绘为平等。黑格尔的体系向我们表明，平等，像其他的普遍物一样是成问题的。女人可能被说成她们所需的仅仅是在形成世界意识的文化结构中占有一席之地。在一篇论斯宾诺莎的论文中，伊里加雷要求我们去思考，如果"女人"存在，会怎样。（注意，要思考的不是个体女人的存在会怎样，像他们想当然地认为的那样；相反，要求我们思考的是，如果女人被理论化为不同于男人所认为的物质性存在的其他存在，会怎样。）

就话语最真实的意义而言，她的批评是激进的。如果我们进一步宣称："人"这个词对存在来说同时意味着男人和女人，从而不再假装我们能够解决针对他者的暴力的问题，那又会怎样？

不同观点之间的交流

　　黑格尔关于人类经验结构的前提假说之一，是个体意识的发展概括了历史意识的发展，或者说，正如在 19 世纪被一般地表达了的，个体发生反映了系统发生。当然，这个假说，连同它的详细解释，很难立足于经验判断。我的策略是，不把自我意识的现象学读作概念的抽象推演，也不读作可能的年代学，而读作心理历史学，特别是一种对个体发生和系统发生进程的思考，这样也许可以解释在西方文化中占统治地位的雄性化自身的表达方式……虽然这些忠贞反映了西方世界的欧洲中心文化中占统治地位的和经常的主题，但它们仍然不是普遍的。相反，我要说，黑格尔对这些主题不加批判的挪用加强了权力的不对称性，而这本来是他的辩证法所试图克服的东西。（维莱特，第 107 页）

　　辛西娅·维莱特（Cynthia Willett）批评性地指出，黑格尔力图承担起结束权力滥用的任务。她由此开始了对黑格尔的讨论。因为黑格尔非批判地继承了欧洲话语的范畴（一些评论者把他的继承限定于日耳曼话语的范畴），所以他不能获得绝对知识。相反，他能取得的是树立一座纪念碑，这座纪念碑标志了 19 世纪的欧洲男人的心理状态。这本身就很有趣。当他企图描绘整个世界的时候，事情就变得危险了。

像由黑格尔提出的、被维莱特推进的模型一样，不能言语、不能思想的主体在普遍物的嘈杂声中无法被听到。因而，追随克尔恺廓尔的反体系路线，走向基督教的基督徒们被剥夺了权利。在文明社会中选择一种角色的女人，这样做的时候，会冒着损失其作为与男人相反的女人所特有的东西的风险。维莱特认为，对黑格尔的详细解读会表明，他不能对弗里德里希·道格拉斯（Fredrick Douglass）走向自由的呼声负责。

在他对获得自由的叙述中，一种符合黑格尔哲学体系的结构的叙述作为精神的一个最高点挺立：精神慢慢地知道了自身是精神，这种精神结束了它自身与语言和文化的冲突，但是还有一些不能被体系考虑的因素。我要在这里提一下，道格拉斯很看重他从祖母那里得到的悉心照料，把其当作寻求自由的动因和力量。所以，排除本身不容许那种本来意在解释的描述。

另一些不能用黑格尔体系来表达的声音，包括那些愿意接受辩证法、而不愿意接受历史终结点作为黑格尔的聚焦点或最后终点的声音。后者是那些一听到诸如"完成革命"或"民主的自由斗士"这样的口号，就如同听见恐怖之声的思想家，因为这两种口号都有黑格尔的思想根基。其中，著名的思想家有乔治·巴泰勒（George Bataille）和弗里德里希·尼采。

在巴泰勒那里,黑格尔的主要问题是它的否定范畴太强大,以至没有什么能幸免。就是说,他认为黑格尔没有储备就创制了一种经济。所有的一切都耗尽了自身,没有什么额外要赞美和移交给宗教的。巴泰勒孜孜以求的是一种对抗否定的方法,而且要符合他从克尔恺郭尔那里汲取的哲学范畴(他说,因为后者切中了自我同一的要害!)——爆笑。否定危及了生命中的那些在我们内心中使我们成为唯一的规定的有效性,在这一点上,巴泰勒说,他只能报以失声大笑。

尼采比他有时候自己承认的有着更强烈的黑格尔主义色彩。关于他与黑格尔的有趣的关系,有很多可写之处。他们的基本分裂之点是有关历史的作用。尼采写了一篇题目为《历史对人生的利弊》的文章,他呼吁一种批判的历史,主张在对青年一代的教育中,历史应以不同于黑格尔的方式来教授。他担心,从一成不变的黑格尔主义的历史学(最有可能转向愤世嫉俗)中将会产生一种虚无主义。他倾向于认为,当面对历史运动之必然性的时候,应有的反应是反讽,他发现这一点在黑格尔那里是缺少的。有意思的是,克尔恺郭尔也发现黑格尔完全缺少反讽。

许多人发现黑格尔不能容纳众多不同的声音,这些声音恰恰组成了我们的民族国家和合作组织的全球体系。与此同时,另一些人发现他是有用的,不仅可能对于用一种协商性的理智交流模式来解决他所没看到的差异有用,而且对于敦促建成一个把理性置于公共意见、恐惧、自然权利以及宗教之上的国家有用。弗莱德·达尔梅（F.Dallmayr）认为：

> 黑格尔哲学的重要遗产之一是强调伦理生活的制度化，特别是强调公共精神在"普遍阶级"中的具体化或结合——后来被马克思在经济前提下接纳的一种强调。归功于这种意向（而不是遗产的文字），使我看到了对更新、更激进的调整的需要。在民主的襄助下，我相信，公共精神的具体化不能再定位于一个机构或一个阶级，而应该定位于复数的、异质的集团，这些集团跨越了社会分类（或者说栖居于社会分类的边界处）。（达尔梅，第341页）

达尔梅这种注重实效的方法——从一个有缺陷的体系中择其善者——是本质上的黑格尔主义，同时也是适乎时宜的。

革命性的逆转

卡尔·马克思经常被说成是在方法上继承了黑格尔，但是他把精神的东西变成物质的，因而创造了一个黑格尔与马克思都不曾期望的孩子——辩证唯物主义或历史唯物主义。简言之，历史唯物主义是这样一种理论，历史就是阶级斗争的历史。在任何一个一定的社会，有两个主要阶级，那些生产财富的人和那些占有财富的人。在马克思从事写作的时期，生产阶级是无产阶级，占有阶级是资产阶级。不过，无论历史的阶段如何，占有阶级是统治阶级，生产阶级是劳动阶级。不可避免地，两个阶级之间要进行争夺生产资料的斗争，在必要的时候，要斗争到死。占有阶级相信自己拥有所有者的权利，并利用手中的权力做出一切，来维护占有生产资料的最大权力。生产阶级越来越意识到自身作为生产者的价值，因此也将在权力范围内做一切事情来获得对生产资料的更大的控制权。

生产阶级变得越来越意识到角色中的自身，这一过程贯穿历史始终。最终，生产阶级将彻底推翻占有阶级，那将是历史的终结，因为我们无法想象，在一个世界中，没有核心斗争将会怎样。那儿将只有一个阶级，这个阶级会共同进行生产；那儿将有与社会一致的真实的科学，有时也被称为无产阶级的科学。它将是真实的科学，因为它是以全人类的进步为目标的科学，而不是为了不断填充资产阶级的金库。

在上述简要归纳的马克思的观点中，黑格尔哲学的成分是很明显的。而且，读者一定在想，黑格尔也许不会因为对他著作的这种运用而怒气冲冲。在我所描绘的马克思的批评中，人们可能看到，马克思是个对批评对象充满敬意的批评者，尽管他并不总是一个礼貌的批评者。在叙述历史唯物主义的时候，敏锐的读者将会注意到，这里没有提及国家。这是因为在马克思那里，当最后的阶级斗争打响的时候，国家将消亡。他关心社会远甚于关注国家（政治的焦点）。我们自己关心政府并不划算。按照马克思的观点，除了在统治阶级的指示下工作，政府并未掌握很多权力。对于评介马克思的这两个批评，上述介绍已是充分的背景知识了。

第一个批评涉及的是风格，哲学家们可能以某种风格彼此交谈，也同公众交谈。马克思不像黑格尔，他是一个出色的修辞学家。当他为同盟的成员写作或者演讲时，他使用的是不同于他写作《资本论》时的另一种风格的语言。他在通信中所采取的语调，对于他的通信对象来说，也是恰如其分的。描述这个批评的时候，要理解到这些因素。

粗俗的批评陷入另一种独断的错误。例如，批评宪法时把注意力引向权力的反面等就属此类。矛盾其实无处不在。但是，与对立面的斗争的批评仍然是独断的批评，正如更早期的例子，当诉诸"一"和"三"之间的矛盾的时候，三位一体的教义就被弃置一边。然而，真正的批评表明，三位一体的内在根据在人类的头脑中。批评应描绘其来龙去脉。因而，对现行国家宪法的真正哲学批判不仅要说明现有的矛盾，而且要解释它们，把握它们的实质和必然性，理解它们自身特有的意义。然而，正如黑格尔所认为的，这种理解并不在于认识到逻辑概念的规定性，而是要抓住特定对象固有的逻辑。（马克思，第92页）

这是一篇灵巧之作，显示了马克思惯有的智慧和幽默。这一段落的主要观点是，黑格尔犯了严重的错误，他通过把思想中的逻辑强加于世界中的一切事物来理解世界。实际上，相反地，他应该聚焦于逻辑地确定考察对象的本来面目。在对方法的批判中内含着两种实质性的批判。

第一个批评是在他对宪法的批判中。黑格尔不是独断的，但他错失了关于宪法的根据和执行方面的重要的东西，这是因为他没有注意到宪法是如何在世间真正出现的。情况很复杂，马克思认识到了这一点。他认为，黑格尔忽视了物质实在性，正是它产生了任一特定的宪法。除非国家能以类似的形式代表每个人，否则宪法绝不会是国家的真实的真理。（马克思认为，任何国家的真理是民主，我们还没有见过它，因为你不能杜撰和思考它，而是必须拥有它。）

第二个批评在结构上是相似的。黑格尔得到了吸附在精神中的全部，因为他关注的只是极度有教养的人们就它所谈东西的逻辑结构，他拒绝承认主耶稣降诞于童贞女玛丽亚的神话讲述了精神。黑格尔不能哲学地谈论这一点。

宗教、政治、社会的批判如此相关联，因为马克思认为所有意识的形式都产生于现实的冲突。他的批判表明，黑格尔的错误归因于他把冲突设定为理论的演绎。

从马克思那里，我要提出的第二个批判是关于黑格尔出于错误的原因而得到的某些正确的东西。这段引文很长，但是值得全文赏析：

> 黑格尔称私人权利为抽象个人的权利，或抽象权利。实际上，它们必须发展为抽象的，因而也是虚假权利，抽象个人的权利，正如被黑格尔发展了的道德信条是抽象主体性的虚假存在一样。黑格尔发展了作为抽象物的私人权利和道德，由此并不意味着，随后的国家和伦理生活必定是幻想的社会（社会生活）；更确切地说，他得出结论，它们是这种伦理生活的从属阶段。但是除了国家主体的权利，什么是私人权利呢，除了它们的道德，什么是道德呢？换句话说，私人权利的"人"和道德的主体就是国家的"人"和主体。因其对道德的发展，黑格尔受到了广泛的批评。除了推进现代国家的道德和现代私人权利之外，他没做过什么。渴望道德同国家更彻底的分离，渴望更彻底的解放，这除了证明今天的国家同道德的分离是道德的，证明道德是非政治

的，国家是非道德的，还能够证明什么？从一个方面（即从黑格尔宣布国家的前提是这样一种道德，它是伦理的现实性概念的方面）仍然可以说，黑格尔对于把现代道德定位于它真实的位置上作出了伟大的、不自觉的贡献。（马克思，第108—109页）

　　这是一个颠覆性的批判。马克思认为，通过把私人权利和道德抽象化，然后又允诺给国家一个对它们的完全替代，黑格尔没有为国家确保道德，而是给了国家不道德的许可证。然而，还有一个比这个更有力的例子。不仅国家失去了它的社会政治上的正当性，因而也失去了道德地行动的义务，而且被告知说，国家这样的沦丧实际上恰恰是道德的。

　　当我们对比马克思和康德的政治理论时，我们注意到康德坚持认为，通过拥有一部名副其实的宪法，国家要遵守绝对命令。相较之下，黑格尔没有把国家同道德相连，实际上是没看到有必要这样做。在此，马克思揭示出，在对国家的考察上，黑格尔是忠于他描述事物实情的理论的。在马克思那里，国家是维护统治阶级利益的武器，因此除了成就统治阶级的私有权利，国家不知道别的什么道德。国家利用它的权力做出一切来加强这些权利的行为，包括把私有权利归类，所以它绝不会把劳动本身作为一种财产权包括进来。因而，私有权利是强加的而没有道德的轻柔推动，后者的位置已经被贬低到单纯的社会领域，像宗教的位置一样。在马克思那里，有尼采声称黑格尔所没有的"反讽"。他并不是有心误解黑格尔，但是我们可以再一次确信，黑格尔不会为这种解读而高兴。

马克思忠诚于黑格尔，因为他也没有把道德包括进他对国家的分析，也没有包括进他对统治阶级和劳动阶级之间关系的分析中。实际上，马克思认为，道德本身依赖于阶级性，资产阶级的道德实质上不同于无产阶级的道德。

结　　论

本章的批评者们只触及了捍卫和反对黑格尔的表层。当我们试图重新思考一种立场来检验或反对黑格尔的时候，在新的千年里，还留有许多我们感到必须研究的东西。我相信：我们解读的选择是足够多样的，读者一定会对黑格尔已经导致的和将继续导致的诸种讨论有很好的洞见。

On Hegel ——————— 参考书目

斯图亚特·巴奈特编:《德里达之后的黑格尔》(Barnett，Stuart，editor. *Hegel After Derrida*. New York: Routledge，1998)。

弗莱德里希·C.贝塞尔著:《剑桥黑格尔指南》(Beiser，Frederich C. *The Cambridge Companion to Hegel*. Cambridge: Cambridge University Press，1993)。

罗伯特·贝尔纳斯科尼著:"阿善提法庭上的黑格尔"，选自《德里达之后的黑格尔》，第 41—63 页(Bernasconi，Robert. "Hegel at the Court of the Ashanti"，*in Hegel After Derrida*，pp. 41-63)。

威廉·詹姆斯·布斯著:《解释世界——康德的历史和政治哲学》(Booth，William James. *Interpreting the World，Kant's Philosophy of History and Politics*. Toronto Press，1986)。

安德鲁·库特费罗著:《黄昏的猫头鹰: 黑格尔精神现象学的后果》(Cutrofello，Andrew. *The Owl at Dawn*: *A Sequel to Hegel's Phenomenology of Spirit*. Albany: State University of New York Press)。

弗莱德·达尔梅著: "重新思考黑格尔主义的国家", 选自《黑格尔与法哲学》(Dallmayr, Fred. "Rethinking the Hegelian State," in *Hegel and Legal Theory*, Drucilla Cornell, Michel Rosonfeld and David Gray Carson, editors. New York:Routledge, 1991)。

艾伦·K. 菲德尔、玛丽 C. 罗林森、爱米丽·扎金编著:《德里达和女性主义导论》(Feder, Ellenk K., Mary C. Rawlinson, and Emily Zakin, *Introduction to Derrida and Feminism*. New York:Routledge, 1997)。

H. S. 哈里斯著:《黑格尔: 现象学和系统》(Harris, H. S. *Hegel: Phenominology and System*. Indianapolis:Hackett, 1995)。

G. F. W. 黑格尔著:

《美学演讲录》(Hegel, G. F. W. *Introductory Lectures on Aesthetics*. Translated by Bernard Bosanquet. London:Penguin Books, 1993)。

《历史哲学讲演录: 柏拉图和柏拉图主义者们》(第二卷)(*Lectures on the History of Philosophy*: *Plato and the Platonists*, Volume 2. Translated by E. S. Haldane and Frances H. Simson. Lincoln:University of Nebraska Press, 1995)。

《逻辑学》(*Logic*. Translated by William Wallace. Oxford，Clarendon Press,1975)。

《历史哲学》(*Philosophy of History*. Translated by J. Sibree. New York:Dover Publications Inc,1956)。

《心灵哲学》(*Philosophy of Mind*. Translated by A.V.Miller. Oxford:Oxford University Press，1971)。

《法哲学》(*Philosophy of Right*，Translated by T.M.Knox. Oxford:Oxford University Press，1952)。

《精神现象学》(*Phenomenology of Spirit*. Translated by A. V. Miller. Oxford:Clarondon Press，1977)。

《历史中的理性》(*Reason in History*. Translated by Robert S. Hartman. Indianapolis: Bobbs-Merrill Company，Inc，1953)。

让·海伯莱特著:《黑格尔精神现象学的起源与结构》(Hyppolite，Jean. *Genesis and Structure of Hegel's Phenomenology of Spirit*. Translated by Samuel Cherniak and John Heckman. Evanston:Northwestern University Press，1974)。

米歇尔·茵伍德编:《黑格尔词典》(Inwood，Michael. *A Hegel Dictionary*. Oxford: Blackwell Publishers Ltd, 1992)。

露斯·伊里加雷著: "作为中介的普遍"，选自《性别与宗谱 》(Irigaray，Luce. "The Universal as Mediation," in *Sexes and Genealogies*. Gillian C.Gill.New York:Columbia University

Press,1993）。

阿瑟·J. 雅克伯森："抽象权利与私法"，选自《黑格尔与法学理论》（Jacobson，Arther J. "Abstract Right and Private Law", in *Hegel and Legal Theory*, Drucilla Cornell，Michel Rosenfeld and David Gray Carson，editors. New York:Routledge，1991）。

哈瓦德·凯茵茨著:《G. W. F. 黑格尔：哲学体系》（Kainz Howard P. *G. W. F. Hegel: The Philosophical System*. Athens:Ohio University Press，1996）。

伊曼纽尔·康德著:

《纯粹理性批判》（Kant, Immanuel. *Critique of Pure Reason*. Translated by Norman Kemp Smith. New York:St. Martin Press，1929）。

《道德形而上学基础》（*Grounding for the Metaphysics of Morals*. Translated by James. W. Ellington. Indianapolis: Hackett, 1981）。

《正义的形而上学基础》（*Metaphysical Elements of Justice*. Translated by John Ladd. New York:Macmillan Company，1985）。

《论永久和平》（*Perpetual Peace*. Edited by Lewis White Beck. Indianapolis:Bobbs-Merrill，1957）。

沃特尔·考夫曼编译:《黑格尔：文本与评论》（Kaufmann, Walter，translator and editor. *Hegel: Texts and Commentory*. Garden City，New York:Anchor Books，1966）。

索伦·克尔恺廓尔著:《结论性的非科学性附言》（Kierkegaard，Soren. *Concluding Unscientific Postscript*.

Translated by Swenson and Lowrie. Princeton:Princeton University Press, 1974)。

亚历山大·柯耶夫著:《黑格尔解读引论》(Kojeve, Alexandre. *Introduction to the Reading of Hegel*. Assembled by Raymond Queneau, edited by Allan Bloom, translated by James H. Nichols, Jr. Ithaca: Cornell University Press, 1969)。

戴维·科尔布著:《纯粹现代性批判: 黑格尔、海德格尔及其后》(Kolb, David. *The Critique of Pure Modernity*: *Hegel, Heidegger, and After*. Chicago:the University of Chicago Press, 1986)。

戴维·法莱尔·克莱尔著:《精神之子: 一部小说》(Krell, David Farrell. *Son of Spirit*: *A Novel*. Albany: State University Of New York Press, 1997)。

雅克·劳温博格著:《黑格尔文选》(Lowenberg, Jacob. *Hegel Selections*. New York: Scribner's Sons, 1929)。

卡尔·马克思著:《黑格尔法哲学批判》(Marx, Karl. *Critique of Hegel's 'Philosophy of Right'* . Translated by Annette Jolin and Joseph O'Malley. Cambridge: Cambridge University Press, 1970)。

苏珊·梅尔德·谢尔著:《理性的权利: 康德哲学和政治学研究》(Shell, Susan Meld. *The Rights of Reason*: *A Study of Kant's Philosophy and Politics*. Toronto:University of Toronto Press, 1980)。

彼得·辛格著:《黑格尔》(Singer, Peter. *Hegel*. Oxford:

Oxford University Press，1983）。

劳伦斯·S. 斯蒂佩里维希编:《青年黑格尔派》（Stepelevich, Lawrence S., editor. *The Young Hegelians*. Cambridge: Cambridge University Press，1983）。

查尔斯·泰勒著:

《自身之源》（Taylor, Charles. *Sources of the Self*. Cambridge: Harvard University Press，1989）。

《黑格尔》（*Hegel*. Cambridge: Cambridge University Press, 1975）。

梅洛德·维斯特法尔著:《黑格尔、自由与现代性》（Westphal, Merold. *Hegel, Freedom, and Modernity*. Albany: State University of New York Press，1992）。

辛希亚·维莱特著:《女性伦理与其他奴性道德》（Willett, Cythia. *Maternal Ethics and Other Slave Moralities*. New York: Routledge，1995）。

罗伯特·保罗·沃尔夫著:《康德的心理行为理论》（Wolff, Robert Paul. *Kant's Theory of Mental Activity*. Cloucester, Mass. : Peter Smith，1973）。

斯拉沃·日热克著:《等候否定：康德、黑格尔和意识形态批判》（Zizek, Slavoj. *Tarrying with the Negative*: *Kant, Hegel, and the Critique of Ideology*. Durham: Duck University Press，1993）。

悦·读人生 |书|系|

生为人，成为人，阅读是最好的途径！

品味和感悟人生，当然需要自己行万里路，更重要的是，需要大量参阅他人的思想，由是，清华大学出版社编辑出版了这套"悦·读人生"书系。

阅读，当然应该是快乐的！在提到阅读的时候往往会说"以飨读者"，把阅读类比为与乡党饮酒，能不快哉！本套丛书定位为选取国内外知名学者的图书，范围主要是人文、哲学、艺术类。阅读此类图书的读者，大都不是为了"功利"，而是为了兴趣，希望读者在品读这套丛书的时候，不仅获取知识，还能收获愉悦！

"最伟大的思想家"

北大、人大、复旦、武大等校30位名师联名推荐，集学术性与普及性于一体，是不可多得的哲学畅销书

聆听音乐（第七版）

耶鲁大学公开课教材，全美百余所院校采用，风靡全球

大问题：简明哲学导论（第十版）

全球畅销500万册的超级哲学入门书，有趣又好读

艺术：让人成为人

人文学通识（第10版）

被誉为"最伟大的人文学教科书"，教你"成为人"